Libro de Actividades de las
Fiestas de la Primavera

Libro de Actividades de las Fiestas de la Primavera

Todos los derechos reservados. Al comprar este Libro de actividades, el comprador puede copiar las hojas de actividades solo para uso personal y en el aula, pero no para reventa comercial. Con la excepción de lo anterior, este Libro de actividades no puede reproducirse total o parcialmente de ninguna manera sin el permiso por escrito del editor.

Bible Pathway Adventures® es una marca registrada de BPA Publishing Ltd.
Defenders of the Faith® es una marca registrada de BPA Publishing Ltd.

ISBN: 978-1-989961-53-7

Autora: Pip Reid
Director Creativo: Curtis Reid
Editora: Aileen Nieto

Para obtener recursos bíblicos y Paquetes para Maestros, incluyendo páginas para colorear, hojas de trabajo, exámenes y más, visite nuestro sitio web en:

www.biblepathwayadventures.com

⋄◈⋄ Introducción ⋄◈⋄

Le damos la bienvenida al *Libro de actividades: Fiestas de la Primavera*. Este libro está lleno de hermosas hojas de trabajo, páginas para colorear, manualidades, cuestionarios y rompecabezas para ayudar a los niños a aprender sobre Pesach y Chag HaMatzot (la Pascua y la Fiesta de los Panes sin Levadura), Yom HaBikkurim (Fiesta de las Primicias) y Shavu'ot (Día de Pentecostés) de una forma divertida y atractiva. A través de estas actividades, los niños explorarán el significado de cada fiesta y su conexión con la profecía bíblica. Incluye referencias detalladas de las escrituras para una fácil consulta en la Biblia y una práctica guía de respuestas para los educadores. Así que, ¡tomen papel y lápiz y prepárense para explorar las Fiestas de la Primavera!

Bible Pathway Adventures® ayuda a educadores de todo el mundo a enseñar a los niños la fe bíblica de una forma divertida y creativa. Hacemos esto a través de nuestros libros de actividades, actividades imprimibles y e historias de la Biblia, todo disponible en nuestro sitio web www.biblepathwayadventures.com.

Gracias por comprar este libro de actividades y apoyar nuestro ministerio. Cada libro comprado nos ayuda a continuar nuestro trabajo proporcionando paquetes de clases gratis y recursos de discipulado a familias y misiones en todas partes.

¡La búsqueda de la verdad es más divertida que la tradición!

◇◇ Tabla de Contenidos ◇◇

Introducción 3

Pascua y Fiesta de los Panes sin Levadura (Pesach y Chag HaMatzot)
Introducción: Los Tiempos Designados 7
Actividad del mapa: ¿Dónde está Egipto? 8
Hoja de trabajo: ¿Quién fue Moisés? 9
Hoja de trabajo: Decodifica los jeroglíficos 10
Cuestionario de la Biblia: Las diez plagas 11
Hoja de trabajo: Diez plagas de Egipto 12
Manualidad de la Biblia: Haz una rana de papel 13
Hoja de trabajo: La tierra de Gosén 14
Hoja de trabajo: La Fiesta de los Panes sin Levadura 15
Página para colorear: La Pascua 16
Crucigrama de la Biblia: La Pascua 17
Hoja de trabajo: La comida de Pascua 18
Hoja de trabajo: Aprende a dibujar una oveja 19
Hoja de trabajo: La comida de Pascua 20
Página para colorear: La Pascua 21
Hoja de trabajo: ¿Cuál es la palabra? 22
Hoja de trabajo: Fiesta de los Panes sin Levadura 23
Sopa de letras de la Biblia: Fiesta de los Panes sin Levadura 24
Receta: ¡Hagamos matzah! 25
Aprendamos hebreo: Chag HaMatzot 26
Página para colorear: Dejando Egipto 28
Hoja de trabajo: ¿Lo sabías? 29
Cuestionario de la Biblia: La Pascua y la Fiesta de los Panes sin Levadura 30
Copia del versículo de la Biblia: La Pascua 31
Página para colorear: Haz esto en mi memoria 32
Completa la imagen: La última comida de Yeshua 33
Sopa de letras de la Biblia: La última cena 34
Palabras desordenadas de la Biblia: Los discípulos 35
Hoja de trabajo: ¿Quiénes eran los zelotes? 36
Hoja de trabajo: ¿Lo sabías? 37
Completa la imagen: Jardín de Getsemaní 38
Hoja de trabajo: El árbol de olivo 39
Laberinto: Ante el Sanedrín 40
Hoja de trabajo: Los líderes religiosos 41

Pregunta y colorea: Yeshua ante Pilato	42
Cuestionario de la Biblia: Muerte en la estaca	43
Aprendamos hebreo: Pesach	44
Hoja de trabajo para colorear: Crucifixión	46
Hoja de trabajo: El cordero de Pascua	47
Hoja de trabajo: La Pascua	48
Hoja de trabajo: Gólgota	49
Escritura creativa: La crucifixión	50
Hoja de trabajo: Empareja las escrituras	51
Hoja de trabajo: En la tumba…	52
Página para colorear: En la tumba…	53

Fiesta de las Primicias (Yom HaBikkurim)

Introducción: Fiesta de las Primicias	54
Hoja de trabajo: ¿Cuál es la palabra?	55
Página para colorear: Fiesta de las Primicias	56
Copia del versículo de la Biblia: Fiesta de las Primicias	57
Aprendamos hebreo: Bikkurim	58
Crucigrama de la Biblia: La cruz y la tumba vacía	60
Hoja de trabajo: Fiesta de las Primicias	61
Cuestionario de la Biblia: La resurrección	62
Hoja de trabajo para colorear: ¡Ha resucitado!	63
Hoja de trabajo: ¿Lo sabías?	64
Hoja de trabajo: ¿Descubrimiento de Gólgota?	65
Página para colorear: Los santos	66
Descifra el código: La resurrección	67
Sopa de letras de la Biblia: ¡Ha resucitado!	68
Hoja de trabajo: Las Noticias de Jerusalén	69
Pregunta y colorea: El reporte de la guardia	70
Hoja de trabajo: Una tumba vacía	71
Hoja de trabajo: ¿Siclos o denarios?	72
Hoja de trabajo: Entrevista a un fariseo	73
Hoja de trabajo: La guardia romana	74
Hoja de trabajo: Altar del holocausto	75
Cuestionario de la Biblia: El templo	76
Hoja de trabajo: Mi ofrenda de las Primicias	77
Hoja de trabajo: Una pregunta de fe…	78
Hoja de trabajo: Datos de los discípulos	79
Hoja de trabajo: Empareja las escrituras	80
Hoja de trabajo: ¿Quién fue Poncio Pilato?	81
Hoja de trabajo: Los romanos	82
Hoja de trabajo: Yeshua se les aparece a Sus discípulos	83

Día de Pentecostés (Shavu'ot)
Introducción: Fiesta de Shavu'ot 84
Página para colorear: Versículo de la Biblia de Shavu'ot 85
Cuestionario de la Biblia: Los Diez Mandamientos 86
Manualidad de la Biblia: Vístete como un israelita 87
Aprendamos hebreo: Shavu'ot 88
Hojas de trabajo: Monte Sinaí 90
Pregunta y colorea: Monte Sinaí 91
Cuestionario de la Biblia: Fiesta de Shavu'ot 93
Hoja de trabajo: Hechos 2 94
Hoja de trabajo: ¿Cuál es la palabra? 95
Hoja de trabajo: Shavu'ot 96
Hoja de trabajo: Los israelitas 97
Laberinto: Peregrinaje a Jerusalén 98
Hoja de trabajo: Mi diario de viaje 99
Hoja de trabajo de periódico: Las Noticias de Jerusalén 100
Crucigrama de la Biblia: Fiesta de Shavu'ot 101
Página para colorear: Un viento poderoso 102
Hoja de trabajo: Día de Pentecostés 103
Hoja de trabajo: El Espíritu Santo 104
Hoja de trabajo para colorear: El mensaje de Pedro 105
Versículo desordenado de la Biblia: ¿Cuántas personas fueron mikvah'd en Shavu'ot? 106
Actividad del mapa: Doce tribus de Israel 107
Sopa de letras de la Biblia: Fiesta de Shavu'ot 108
Cuestionario de la Biblia: Los doce discípulos 109
Hojas de trabajo: Los discípulos 110

Escritura creativa
Escritura creativa: Las diez plagas de Egipto 113

Manualidades y Proyectos
Manualidad de la Biblia: Haz un cordero con un plato de papel 125
Manualidad de la Biblia: ¿Qué va dentro del templo? 129
Manualidad de la Biblia: Los Diez Mandamientos 135
Actividad de la Biblia: Fiesta de Shavu'ot 145
Manualidad de la Biblia: Haz un móvil de los Tiempos Designados 147

Guía de respuestas 151
¡Descubra más libros de actividades! 156

Los Tiempos Designados

Yah sabía que los hijos de Israel aprendieron a adorar dioses falsos mientras fueron esclavos en la tierra de Egipto. "No vivan como viven los egipcios", les dijo. "Me desobedecen y adoran dioses falsos. Esto no es bueno. Moisés, enseña a la gente a celebrar Mis fiestas. Estos son Mis tiempos especiales de reunión y ensayos generales para Mi pueblo". En Su calendario bíblico, Yah apartó fechas especiales llamadas Tiempos Designados, para que la Casa de Israel los honre para siempre (Levítico 23). Todos Sus Tiempos Señalados hablan de la venida del Mesías y la esperanza y el plan de nuestra Salvación. *"Estas son las fiestas solemnes de Yah, las convocaciones santas, a las cuales convocaréis en sus tiempos"* (Levítico 23:4).

Las Fiestas de Primavera se cumplieron con la primera venida de Yeshua: la Fiesta de los Panes sin Levadura (incluida la cena de Pascua), la Fiesta de las Primicias y la Fiesta de Shavu'ot. Las Fiestas de Otoño se cumplirán con la segunda venida de Yeshua: el Día de las Trompetas, el Día de la Expiación, la Fiesta de los Tabernáculos y el Último Gran Día.

¿Crees que debemos honrar las Fiestas de Primavera?
¿Por qué sí / por qué no?

....

¿Cómo honras la comida de Pascua y la Fiesta de los Panes sin Levadura?

....

....

....

....

¿Lo sabías?

Yeshua cumplió literalmente la Pascua al día y la hora. Se convirtió en el cordero pascual profetizado que se enseña a lo largo del Tanakh (Antiguo Testamento).

¿Dónde está Egipto?

Sigue las instrucciones a continuación y marca los lugares en el mapa de África. ¡Es posible que necesites usar un atlas o Internet para encontrar las respuestas!

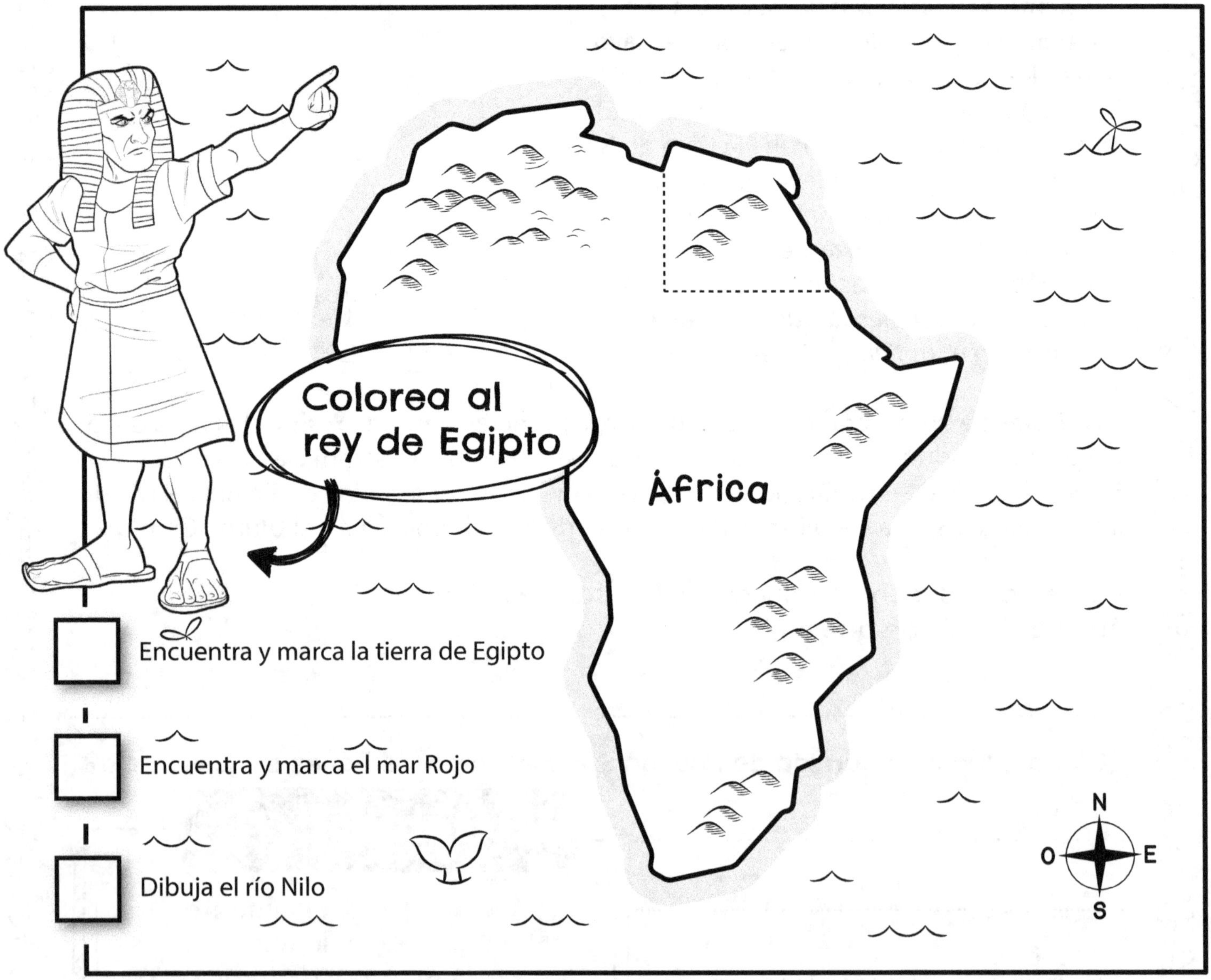

Colorea al rey de Egipto

África

☐ Encuentra y marca la tierra de Egipto

☐ Encuentra y marca el mar Rojo

☐ Dibuja el río Nilo

Nombra cuatro personajes de la Biblia que vivieron en Egipto:

.... , ... , ... , ...

¿Quién fue Moisés?

Lee Éxodo 2:1-7:6. Completa la siguiente hoja de trabajo.

¿Quién adoptó a Moisés?

....

¿Por qué Moisés huyó a la tierra de Madián?

....

....

Mientras Moisés vivía en la tierra de Madián, ¿qué hizo?

....

....

Yah envió a Moisés de regreso a la tierra de Egipto para:

....

....

¿Por qué Aarón habló por Moisés?

....

....

....

Decodifica los JEROGLÍFICOS

"Vinieron, pues, Moisés y Aarón a Faraón, e hicieron como Yah lo había mandado. Y echó Aarón su vara delante del faraón y de sus siervos, y se hizo culebra. Entonces llamó también el faraón a sabios y hechiceros, e hicieron también lo mismo los hechiceros de Egipto con sus encantamientos; pues echó cada uno su vara, las cuales se volvieron culebras; mas la vara de Aarón devoró las varas de ellos. Y el corazón del faraón se endureció, y no los escuchó, como Yah había dicho" (Éxodo 7:10-13).

¿A quién dijo Yah que sacaría de Egipto?
Usa el antiguo alfabeto egipcio para decodificar la respuesta.

✱ Lee Éxodo 7:14-9:35. ¿Dónde estaban los hebreos a salvo de las plagas? ¿Por qué crees que Yah siguió endureciendo el corazón del faraón?

Las diez PLAGAS

Lee Éxodo 7:14-13:16. Responde las siguientes preguntas.

1. ¿Cuál fue la primera plaga?
2. ¿Cuáles plagas pudieron copiar los magos egipcios?
3. ¿Cuál fue la cuarta plaga?
4. ¿En cuál plaga se usaron cenizas?
5. ¿Cuál fue la novena plaga?
6. ¿Cuál fue la última plaga?
7. ¿Cuántas plagas envió Yah a Egipto?
8. ¿Quién endureció el corazón del faraón para que no liberara a los hebreos?
9. ¿Los huesos de quién se llevó Moisés consigo cuando se fue de Egipto?
10. ¿Durante cuál Tiempo Designado (fiesta) los hebreos se fueron de Egipto?

Las diez plagas de Egipto

"Envió a Su siervo Moisés, y a Aarón, al cual escogió. Puso en ellos las palabras de Sus señales, y Sus prodigios en la tierra de Cam. Envió tinieblas que lo oscurecieron todo; no fueron rebeldes a Su palabra. Volvió sus aguas en sangre, y mató sus peces. Su tierra produjo ranas hasta en las cámaras de sus reyes. Habló, y vinieron enjambres de moscas, y piojos en todos sus términos. Les dio granizo por lluvia, y llamas de fuego en su tierra. Destrozó sus viñas y sus higueras, y quebró los árboles de su territorio. Habló, y vinieron langostas, y pulgón sin número; y comieron toda la hierba de su país, y devoraron el fruto de su tierra. Hirió de muerte a todos los primogénitos en su tierra, las primicias de toda su fuerza" (Salmos 105:26-36). Lee Éxodo 7:14-11:10. Escribe las diez plagas de Egipto en el orden correcto.

1. ....
2. ....
3. ....
4. ....
5. ....
6. ....
7. ....
8. ....
9. ....
10. ....

Haz una rana de papel

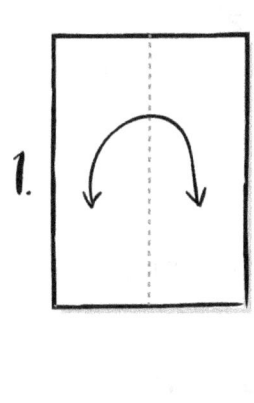  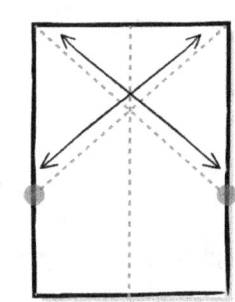 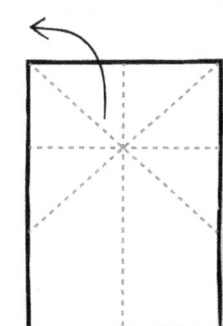 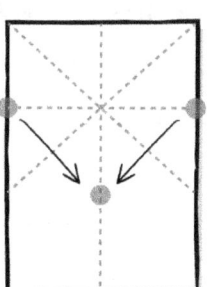 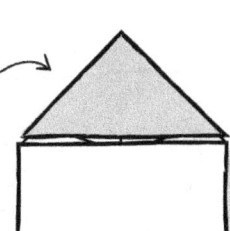

 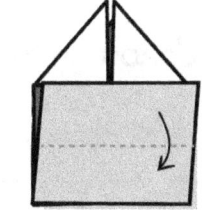  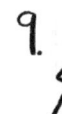 

 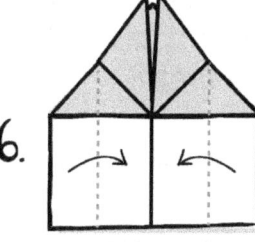 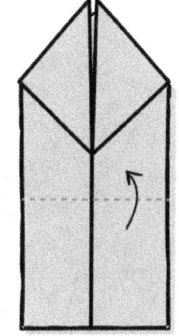  

1. Toma un papel rectangular, dóblalo por la mitad y ábrelo otra vez.
2. Dobla ambas esquinas superiores hacia el borde opuesto del papel.
3. Donde los pliegues diagonales se unen en el medio, dobla el papel hacia atrás y abre.
4. Sostén el papel por los lados, luego lleva esas puntas hacia la línea del centro y aplana.
5. Dobla los triángulos superiores hacia arriba, hacia la punta superior.
6. Dobla los lados hacia el pliegue central.
7. Dobla la parte de abajo del papel hacia arriba para que la punta quede en el centro del diamante superior.
8. Dobla la misma parte hacia abajo, a la mitad.
9. Voltea. ¡Ta-da! Has hecho una rana de papel.

Tierra de Gosén

Durante las diez plagas de Egipto, Yah protegió a los hebreos en la tierra de Gosén. Lee Génesis 46-47 y Éxodo 8-9. Completa la siguiente hoja de trabajo.

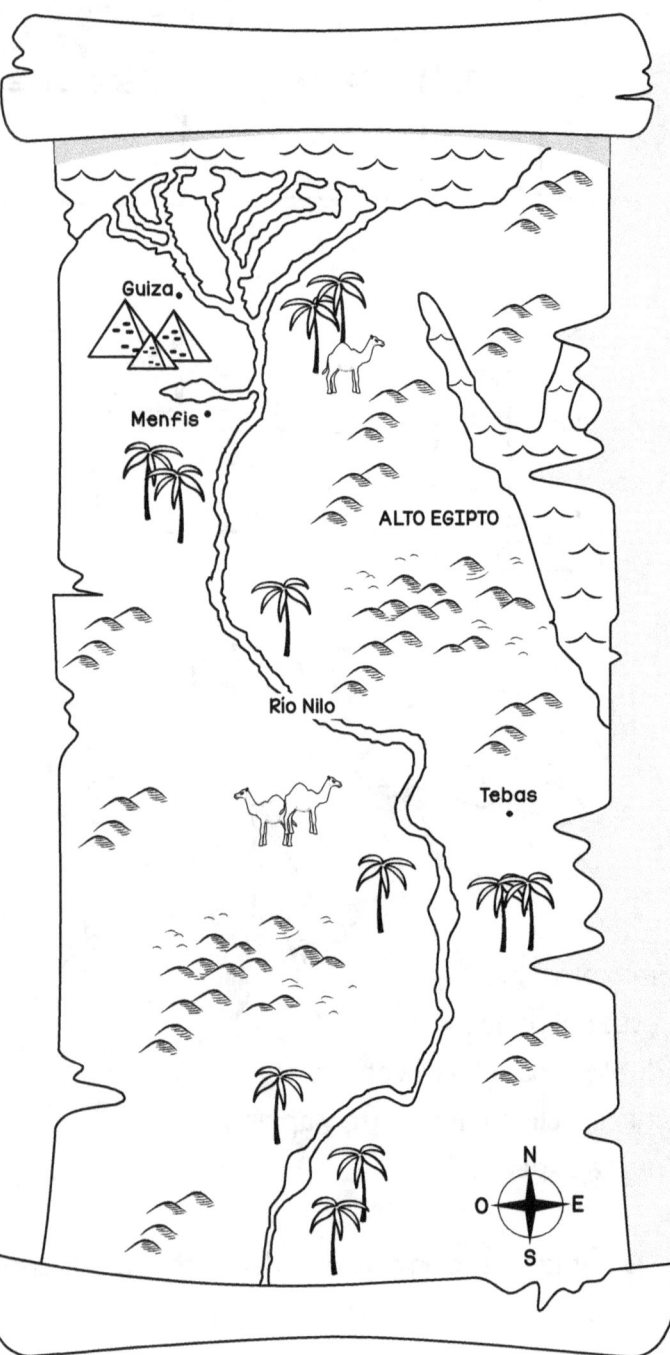

¿Dónde estaba la tierra de Gosén? Escríbelo en el mapa.

Lee Génesis 46. ¿Por qué los hebreos estaban viviendo en la tierra de Gosén?

....
....
....

¿Qué hicieron los hebreos en la tierra de Gosén?

....
....

Nombra tres versículos de la Biblia que mencionen la tierra de Gosén:

....
....
....

La Fiesta de los Panes sin Levadura

Los hijos de Israel, en su prisa por salir de la tierra de Egipto, no tuvieron tiempo de dejar leudar su masa. Por lo tanto, tomaron la masa cruda, se la llevaron sobre sus espaldas y, mientras viajaban por el desierto, se cocinó al sol. Como no contenía levadura, el pan se volvió duro y plano, lo que se conoce como matzah. Comer matzah cada año durante la Fiesta de los Panes sin Levadura sirve como un recordatorio de la salida apresurada de los israelitas de Egipto y cómo Yah los liberó de la esclavitud. Aunque habían sido liberados físicamente, todavía adoraban a los dioses falsos de Egipto y también tuvieron que aprender a irse espiritualmente.

El nombre hebreo para la Fiesta de los Panes sin Levadura es Chag HaMatzot. Comienza el día quince de Nisán (abril) con la cena de Pascua y dura siete días. Mucha gente piensa que esta fiesta es una celebración judía, pero la Biblia dice que es uno de los "Tiempos Designados" de Yah. La Pascua señala a Yeshua como nuestro cordero pascual, cuya sangre fue derramada por nuestros pecados. Yeshua fue crucificado el día de la preparación de la Pascua, a la misma hora en que los corderos estaban siendo sacrificados para la cena de la Pascua esa noche.

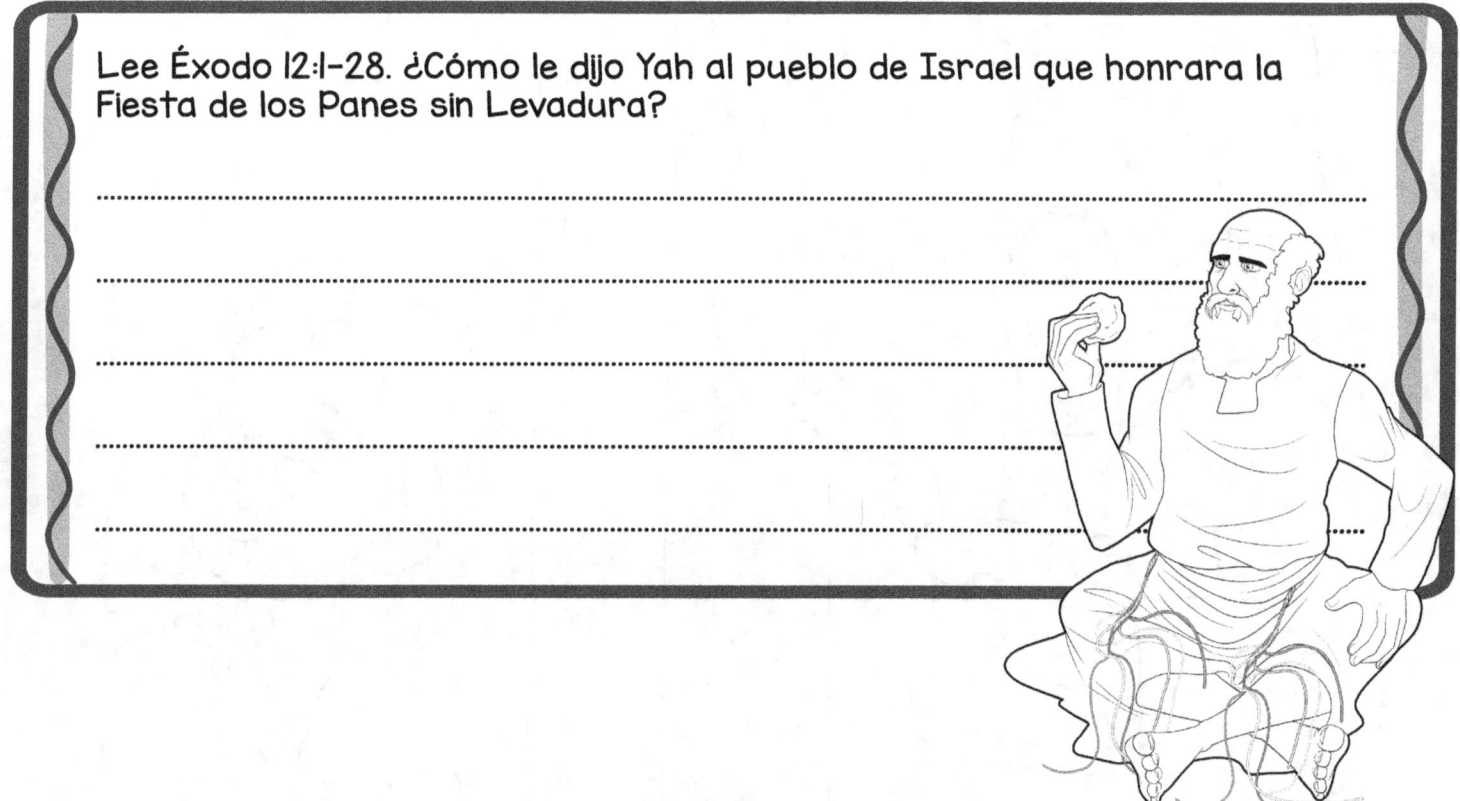

Lee Éxodo 12:1-28. ¿Cómo le dijo Yah al pueblo de Israel que honrara la Fiesta de los Panes sin Levadura?

La PASCUA

Lee Éxodo 12, Números 9 y Juan 19 (RV1960).
Completa el siguiente crucigrama.

HORIZONTAL

6) "…y veré la _____ y pasaré de vosotros…". (Éxodo 12:13)
7) Una oveja joven.
9) El día catorce del mes al atardecer es la _____ de Yah.
10) "Porque estas cosas sucedieron para que se cumpliese la _____". (Juan 19:36)

VERTICAL

1) "No dejarán del animal sacrificado para la mañana, ni quebrarán _____ de él". (Números 9:12)
2) Los hebreos se fueron de Egipto durante este Tiempo Designado. (Éxodo 12:17)
3) "Por siete días no se hallará _____ en vuestras casas". (Éxodo 12:19)
4) ¿Quién lideró a los hebreos para salir de Egipto?
5) Nombre hebreo de Jesús.
8) Nombre del rey egipcio.

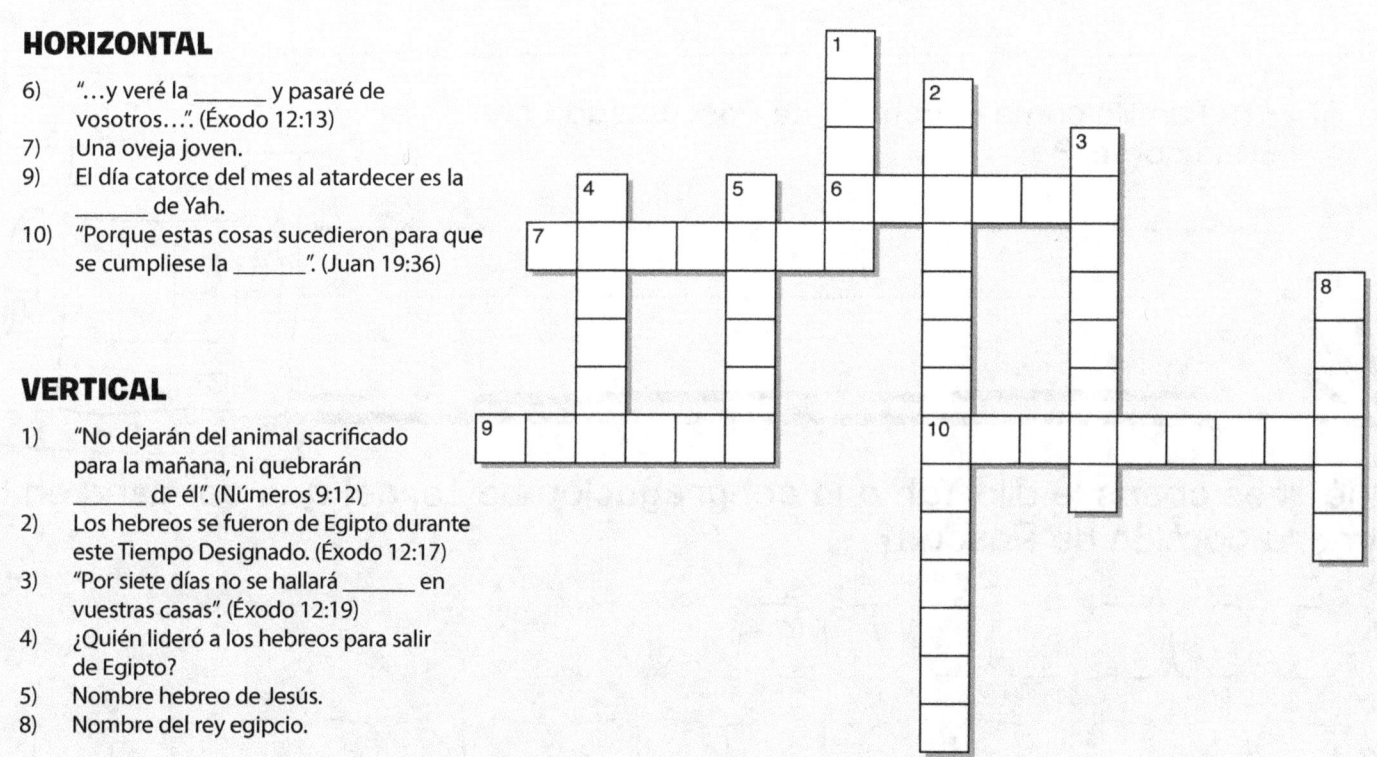

La comida de Pascua

Moisés siguió las instrucciones de Yah y le pidió al faraón que liberara a los esclavos hebreos. Cuando el faraón se negó e ignoró las nueve plagas que Yah ya había enviado, Yah decidió atacar a todos los primogénitos en la tierra de Egipto. Pero, primero, le advirtió a Moisés que para proteger a sus primogénitos, los hebreos debían marcar los dos postes y el dintel de sus casas con sangre de cordero. Después de que Yah sacó a los hebreos de Egipto, les pidió que honraran el Tiempo Señalado de los Panes sin Levadura cada año para recordar cómo los protegió de Su juicio sobre los egipcios (Levítico 23:4-8). La Fiesta de los Panes sin Levadura comienza el día catorce del mes hebreo de Nisán al atardecer, con una cena de Pascua. Hoy, los creyentes de Yeshua honran la cena de Pascua comiendo cordero y panes sin levadura para recordar la muerte del Mesías.

Lee Éxodo 12. ¿Cómo los hebreos se prepararon para la primera Pascua?

_____

¿Tu familia come la comida de Pascua cada año? ¿Qué comen?

_____

_____

¿Qué tres cosas le dijo Yah a la congregación de Israel que comiera en la primera comida de Pascua?

1. ⬜⬜⬜⬜⬜⬜⬜

2. ⬜⬜⬜ ⬜⬜⬜⬜ ⬜⬜⬜⬜⬜⬜⬜⬜

3. ⬜⬜⬜⬜⬜⬜⬜⬜ ⬜⬜⬜⬜⬜⬜

Aprende a dibujar una oveja

Durante la primera comida de Pascua en Egipto, los hebreos comieron cordero (una oveja joven), pan y hierbas amargas. Sigue los pasos 1 – 6 y dibuja tu propia oveja.

¡Ta-da!

La Comida de Pascua

¿Qué comes en la comida de Pascua?
Dibuja la comida que comes en el plato de abajo.

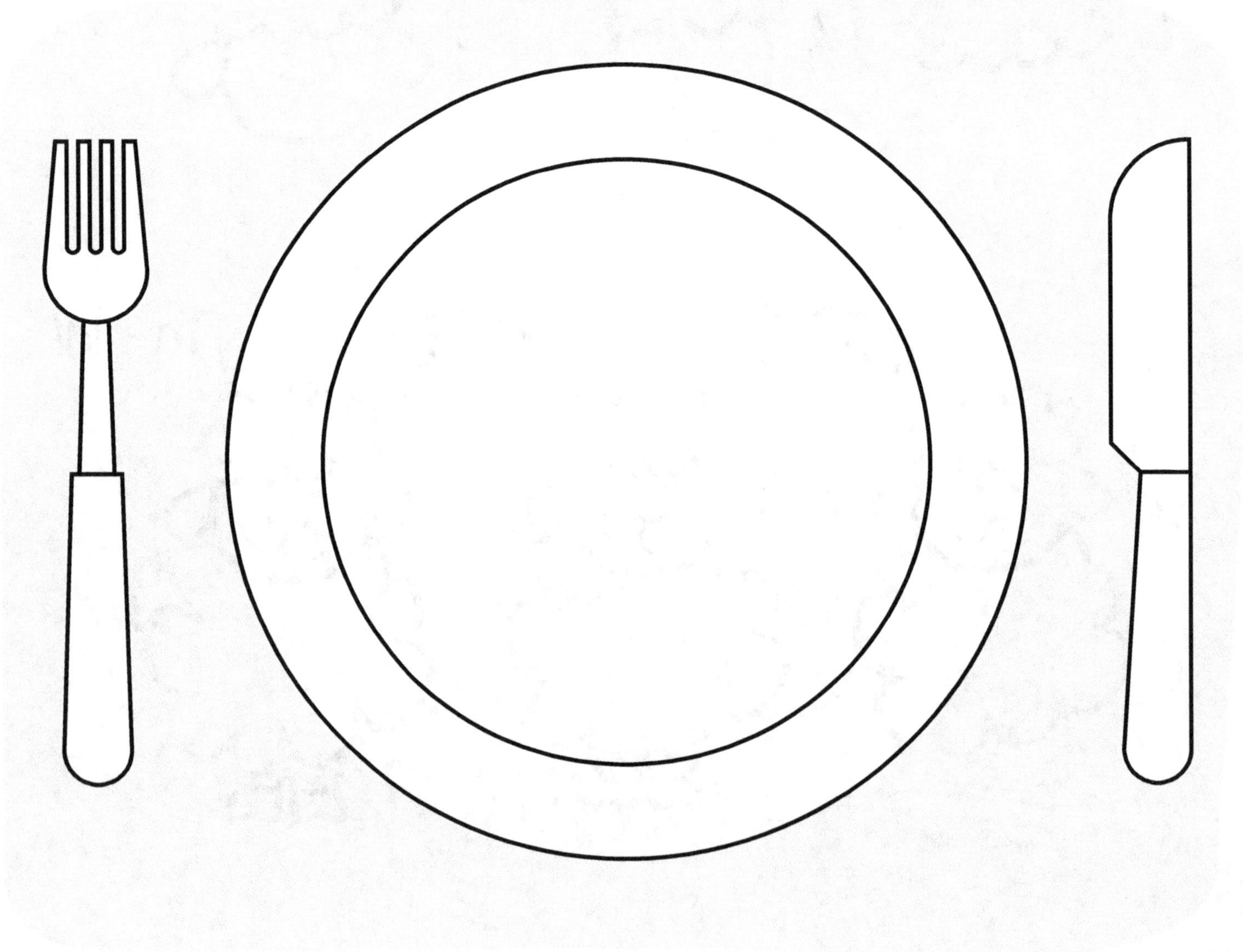

La Pascua

La congregación de Israel puso sangre en los dos postes y el dintel de sus casas para protegerse de la plaga final. Lee Éxodo 12:1-30. Dibuja sangre en los postes y el dintel. Colorea la imagen.

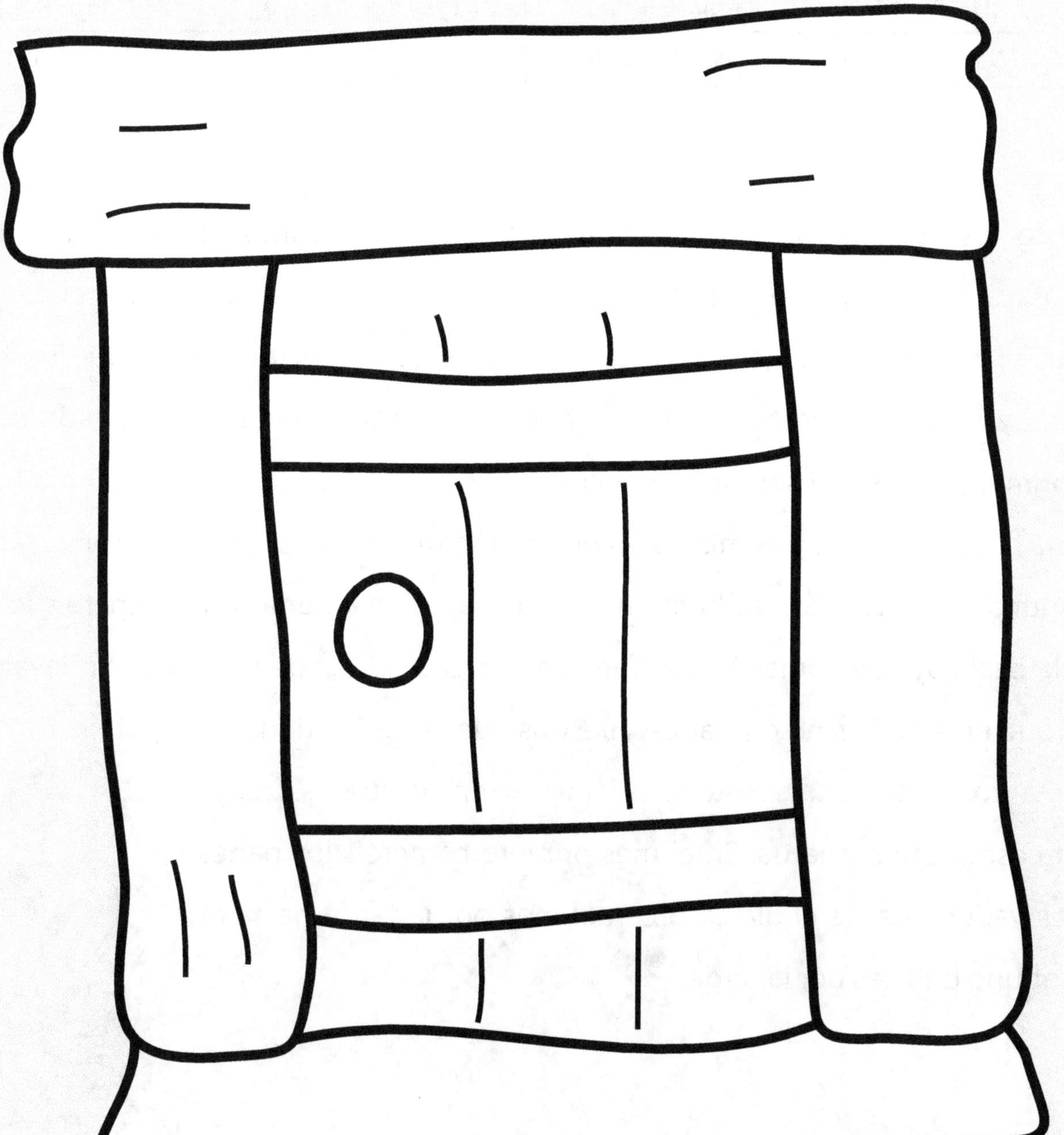

¿Cuál es la palabra?

Lee Éxodo 12:14-19 (RV1960). Usando las palabras de abajo, llena los espacios en blanco para completar el pasaje de la Biblia.

MEMORIA	YAH	PARA SIEMPRE	SIN LEVADURA
LEVADURA	ISRAEL	CONVOCACIÓN	TIEMPO DESIGNADO
EGIPTO	GENERACIONES	OBRA	GUARDARÉIS

"Y este día os será en ...., y lo celebraréis como fiesta solemne para .... durante vuestras generaciones; .... lo celebraréis. Siete días comeréis panes ....; y así el primer día haréis que no haya .... en vuestras casas; porque cualquiera que comiere leudado desde el primer día hasta el séptimo, será cortado de .... El primer día habrá santa ...., y asimismo en el séptimo día tendréis una santa convocación; ninguna .... se hará en ellos, excepto solamente que preparéis lo que cada cual haya de comer. Y guardaréis el .... de los panes sin levadura, porque en este mismo día saqué vuestras huestes de la tierra de Egipto; por tanto, ... este mandamiento en vuestras .... por costumbre perpetua. En el mes primero comeréis los panes sin levadura, desde el día catorce del mes por la tarde hasta el veintiuno del mes por la tarde."

Fiesta de los Panes sin Levadura

Si las diez plagas de Egipto fueran un libro, la portada se vería así...

Imagina que estabas en la multitud cuando Yeshua fue crucificado. ¿Qué le hubieras dicho?

....
....
....
....
....
....
....
....

¿En qué parte de la Biblia puedo encontrar instrucciones para honrar la Fiesta de los Panes sin Levadura?

....
....
....
....
....

Haz un dibujo de tu familia comiendo la comida de Pascua.

Fiesta de los Panes SIN LEVADURA

Lee Éxodo 12:1-20.
Encuentra y encierra en un círculo las siguientes palabras.

```
P S G W V U C B K C F P S B T
Y A A C G V I E N O K E I G I
C R N N C C U X X M S F E E E
A V M S G D D Y D I S L T N M
S T O T I R T V M D O S E E P
A H I F D N E C M A A Z D R O
T U S Y K S L Y G D Z V Í A D
P Y É N D A O E R E C U A C E
Z Y S S P N D P V P G P S I S
Q W C S U T O X T A T U L O I
W J Q X H O C P Z S D E D N G
C O R D E R O T D C F U F E N
C E G R X M W Z P U V N R S A
C A S A D E I S R A E L E A D
T I E R R A D E E G I P T O O
```

- SANTO
- MOISÉS
- SIETE DÍAS
- CASA DE ISRAEL
- SANGRE
- TIERRA DE EGIPTO
- CASA
- CORDERO
- PAN SIN LEVADURA
- COMIDA DE PASCUA
- GENERACIONES
- TIEMPO DESIGNADO

¡Hagamos matzah!

INGREDIENTES

1 taza de harina todo uso

1/3 de taza de aceite vegetal

1/8 de cucharadita de sal

1/3 de taza de agua

MÉTODO

Forra una bandeja para hornear con papel encerado.

Mezcla la harina, el aceite y la sal en un tazón.

Añade agua y mezcla hasta que la masa esté suave.

Usando tus manos, forma seis bolas con la masa, colócalas sobre la bandeja para hornear y presiónalas para formar discos.

Hornea a 425°F (220°C) por 8-10 minutos o hasta que el pan esté cocido.

Chag HaMatzot

El nombre hebreo de la Fiesta de los Panes sin Levadura es Chag HaMatzot. Esta fiesta honra el camino de los hijos de Israel para salir de Egipto. Yah les pidió a los israelitas que comieran pan sin levadura durante siete días.

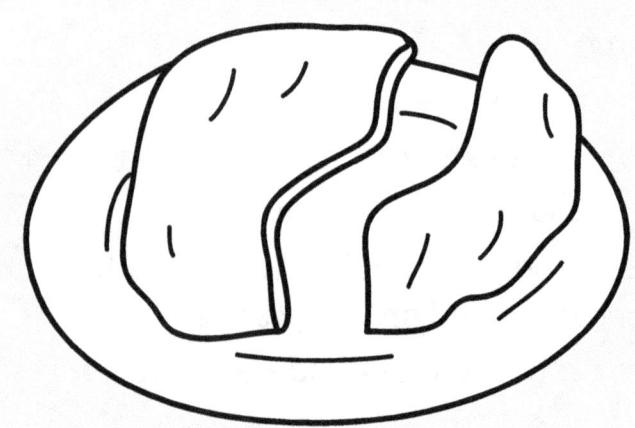

Chag HaMatzot

חַג הַמַצּוֹת

Fiesta de los Panes sin Levadura

Traza las palabras hebreas aquí:

Escribe las palabras hebreas aquí:

¡Vamos a escribir!

Practica a escribir "Chag HaMatzot" en las líneas de abajo.

חג המצות

חג המצות

Inténtalo por tu cuenta.
Recuerda que el hebreo se lee de DERECHA a IZQUIERDA.

"*Moisés* los sacó, habiendo hecho prodigios y señales en tierra de *Egipto*, y en el *Mar Rojo*, y en el desierto por cuarenta años."

(Hechos 7:36)

¿Lo sabías?

Cuando los hijos de Israel salieron de Egipto, se llevaron consigo joyas de oro y plata de los egipcios y ropa. "Yah sacó a los israelitas cargados de oro y plata, y no hubo entre sus tribus nadie que tropezara" (Salmos 105:37).

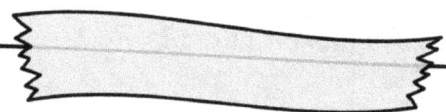

Lee Éxodo 12:33-36. ¿Por qué crees que los egipcios les dieron a los hijos de Israel sus joyas de oro y plata? Dibuja una escena de este pasaje de la Biblia.

La Pascua y la Fiesta de los Panes SIN LEVADURA

Lee Éxodo 13, 2 Crónicas 30 y 35, Juan 6, Hechos 20 y 1 Corintios 5 y 15. Responde las siguientes preguntas.

1. ¿Qué fiesta Pablo motivó a la gente a honrar en 1 Cor 5?

2. ¿Qué tipo de pan los hebreos llevaron consigo cuando se fueron de Egipto?

3. ¿Cuánto tiempo dura la Fiesta de los Panes sin Levadura?

4. ¿Al comienzo de qué fiesta se realiza la comida de Pascua?

5. ¿Por cuánto tiempo se les dijo a los israelitas que honraran la comida de Pascua?

6. ¿Qué rey israelita honró esta fiesta en 2 Crónicas 30?

7. ¿En qué ciudad Josías honró esta fiesta?

8. Después de la Fiesta de los Panes sin Levadura, ¿a dónde navegó Pablo en Hechos 20:6?

9. ¿A cuántos hombres alimentó Yeshua antes de la Fiesta de los Panes sin Levadura? (Juan 6)

10. ¿Durante qué Tiempo Designado de la Fiesta de los Panes sin Levadura resucitó Yeshua de la tumba?

El cordero de Pascua

Abre tu Biblia en 1 Corintios 5:7. Copia la escritura en las líneas proporcionadas. Usa tu imaginación para colorear la ilustración en la parte de debajo de la página.

"*Este es mi cuerpo, que por vosotros es dado; haced esto en memoria de Mí.*"

(Lucas 22:19)

La última comida de Yeshua

Antes de que Yeshua fuera crucificado, comió con Sus discípulos en un aposento alto en Jerusalén. Dibuja una escena de esta historia para completar la imagen.

La Última CENA

Lee Mateo 26:17-29; Marcos 14:12-25; Lucas 22:7-38 y 1 Corintios 11:23-25. Encuentra y encierra en un círculo las siguientes palabras.

```
M P O P D G Z B B M G V L P P
A A O A B P S T R R F H Q W E
O C N I D V A I E Z D I F D S
E S C D S G N N R C A L X P C
D A U E A B G J E T Y J W E R
J N E A I M O K W H E D K V I
U G R G N L I D E Z S V J R T
S R P Y L L I E L E H E P E U
U E O Z M V V B N W U F M I R
D C H J N J I G F T A N Z N A
U I V E W Y W F B B O U A O P
D I S C Í P U L O S M U M Y X
A A P O S E N T O A L T O Z U
X J E R U S A L É N N V R Z L
P K U Z T R A I C I O N A R H
```

AMOR
REINO
SANGRE
PAN
ESCRITURA
APOSENTO ALTO
CUERPO
TRAICIONAR
JERUSALÉN
DISCÍPULOS
YESHUA
MANDAMIENTO

Yeshua eligió 12 discípulos, a los que también designó como apóstoles (Lucas 6:13-16). Ordena las palabras para ver los nombres de los 12 discípulos.

¡LOS DISCÍPULOS!

doPre	....	toeaM	....
dérnAs	....	somTá	....
Staniago	....	aSantogi (johi ed feoAl)	....
aJun	....	dasJu Taode	....
pieFel	....	iSnóm	....
Batrméloo	....	Jusad iastseloc	....

✱ Lee sobre la última cena en Mateo 26, Marcos 14, Lucas 22 y Juan 13.

¿Quiénes eran los zelotes?

¿Por qué Judas traicionó a Yeshua y Pedro lo negó? Algunos historiadores argumentan que ambos hombres eran zelotes, miembros de un movimiento político del primer siglo entre los judíos que querían derrocar al gobierno romano de ocupación. Creían que si el pueblo de Israel se volvía a Dios y comenzaba la guerra contra los romanos, el Mesías se levantaría y establecería Su Reino. No creían que el Salvador sería divino; estaban buscando un Salvador como el rey David que lideraría una revolución.

Según el historiador judío Josefo, "los zelotes están de acuerdo en todo lo demás con las nociones fariseicas; pero tienen un apego inviolable a la libertad y dicen que Dios debe ser su único Gobernante y Señor" (Antigüedades 18.1.6).

Inicialmente, las enseñanzas de Yeshua pueden haber interesado a los zelotes. Parecían encajar en su idea de un Mesías que devolvería el pueblo hebreo a Dios. Sus milagros y curaciones solo aumentaron esta percepción. Pero cuando Yeshua comenzó a enseñar a Sus discípulos que moriría, los zelotes como Pedro y Judas se preocuparon de que las referencias de Yeshua al reino fueran diferentes a sus propias ideas.

¿Qué opinas? ¿Fueron Pedro y Judas zelotes? ¿Por qué sí / por qué no?

....

....

....

Algunos estudiosos de la Biblia creen que Judas traicionó a Yeshua porque estaba decepcionado de que Yeshua no hubiera derrocado a los gobernantes romanos. Judas creía que al orquestar el arresto de Yeshua, podría forzar a Yeshua a revelarse como el próximo rey de Israel. No entendió las Escrituras que mostraban que Yeshua vendría como un siervo sufriente (Isaías 53). Cuando Yeshua regrese, vendrá como el León de la tribu de Judá (Apocalipsis 5:5).

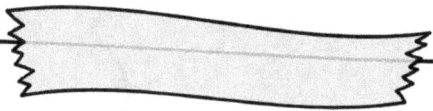

"He aquí que el León de la tribu de Judá, la raíz de David, ha vencido…" (Apocalipsis 5:5).

Jardín de Getsemaní

Yeshua oró en el jardín de Getsemaní. Mientras oraba, tres de sus discípulos (Pedro, Santiago y Juan) se durmieron. Dibuja a Yeshua y los discípulos en el jardín.

El árbol de olivo

Después de que Yeshua comió con Sus discípulos, los llevó a un lugar lleno de árboles de olivo, llamado Getsemaní. La palabra "Getsemaní" se deriva de dos palabras hebreas: gat, que significa "presionar o triturar" y shemen, que significa aceite. El aceite de oliva era una parte importante de la cultura israelita. Las aceitunas se cosechaban a mano o golpeando la fruta de los árboles y luego se trituraban con una prensa para hacer aceite. El aceite de oliva se usaba en la cocina, la comida, como combustible para el alumbrado, en la medicina y para ungir a los reyes.

Discutan por qué Yeshua visitó Getsemaní con Sus discípulos.

¿Por qué crees que se les hizo difícil a Pedro, Santiago y Juan mantenerse despiertos?

....

....

....

¿Por qué crees que Yeshua les advirtió a Sus discípulos que no cayeran en la tentación? (Mateo 26)

....

....

....

....

....

....

....

Ante el Sanedrín

Antes de la crucifixión de Yeshua, en el Sanedrín, compuesto por 71 miembros, entre ellos el sumo sacerdote Caifás y otras figuras religiosas, lo sometieron a juicio (Mateo 26). Ayuda a los guardias del templo a llevar a Yeshua al Sanedrín.

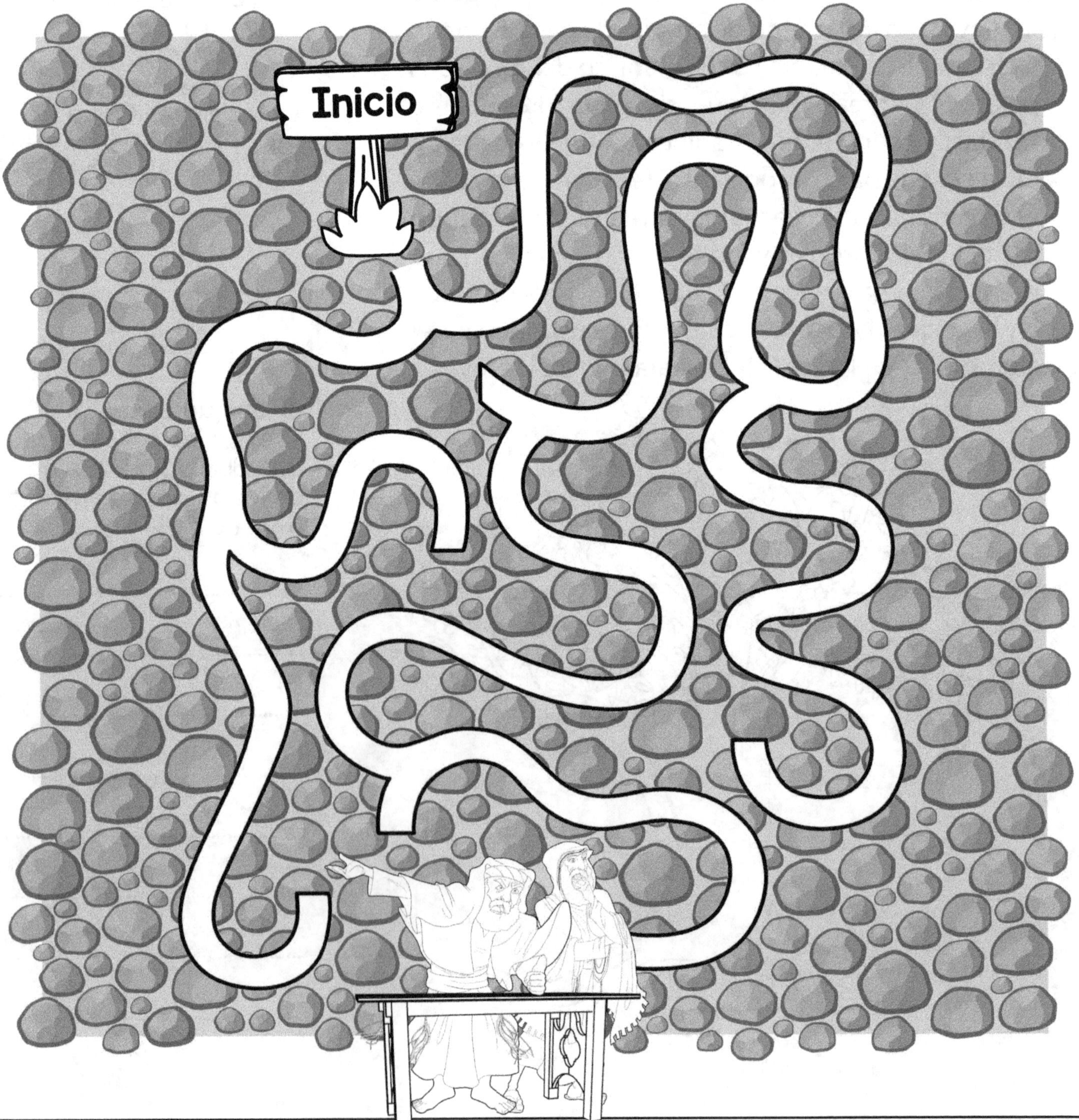

Los líderes religiosos

Judas acudió a los principales sacerdotes y discutió con ellos cómo podría traicionar a Yeshua (Lucas 22:4). En la Judea del primer siglo, los líderes religiosos en el templo de Jerusalén eran hombres importantes y poderosos. Tenían un alto grado de poder e influencia en la sociedad; no solo hacían las reglas sobre la vida religiosa del pueblo hebreo, sino que también eran gobernantes y jueces. El Sanedrín (consejo judío) estaba compuesto por 71 líderes religiosos, con el sumo sacerdote como presidente. En la época de Yeshua, el Sanedrín se reunía en el templo diariamente, excluyendo las fiestas y el Sabbat.

Los líderes religiosos a menudo vivían en gran lujo debido a los impuestos del templo que se le imponía a la gente. Esto, combinado con los impuestos de Herodes y Roma, creó una inmensa presión sobre los hebreos, dejando a muchos en la pobreza extrema. Anhelaban un Salvador que derrocara al Imperio Romano y restaurara al legítimo Rey de Israel. El Sanedrín existió desde el siglo II a.C. hasta el siglo V d.C., cuando finalmente fue disuelto por los romanos.

1. ¿Por qué los líderes religiosos eran tan poderosos?

2. ¿Por qué crees que el pueblo hebreo esperaba con ansias un Salvador?

¡Colorea al líder religioso!

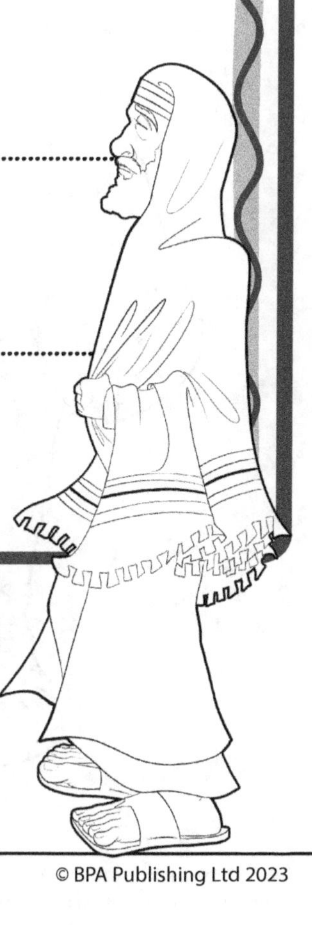

Yeshua ante Pilato

Abre tu Biblia y lee Mateo 27.
Responde las preguntas. Colorea la imagen.

1. ¿Cómo respondió Yeshua a las preguntas de Pilato?

   ....
   ....
   ....

2. ¿Quién envió un mensaje a Pilato?

   ....
   ....
   ....

3. ¿A quién entregó Pilato para que fuera crucificado?

   ....
   ....
   ....

Muerte en la ESTACA

Lee Mateo 27:32-56. Responde las siguientes preguntas.

1. ¿Quién sentenció a Yeshua a morir?

2. ¿Quién fue forzado a llevar el travesaño de Yeshua por las calles de Jerusalén?

3. ¿En qué lugar Yeshua fue clavado a la estaca?

4. ¿Qué estaba escrito en el letrero sobre la cabeza de Yeshua?

5. ¿Qué gritó Yeshua cuando estaba siendo clavado en la estaca?

6. ¿Quiénes fueron crucificados junto a Yeshua?

7. Después de que Yeshua muriera, ¿por cuánto tiempo la oscuridad cubrió la tierra?

8. ¿Quién le pidió a Pilato el cuerpo de Yeshua?

9. ¿Qué usó el soldado romano para perforar el costado de Yeshua?

10. ¿En qué se envolvió a Yeshua antes de que fuera sepultado?

Pesach

El nombre hebreo de Pascua es Pesach. Antes de que la congregación de Israel saliera de la tierra de Egipto, comieron cordero, panes sin levadura y hierbas amargas. Yah pidió a los israelitas que honraran este Tiempo Designado para siempre (Éxodo 12:14).

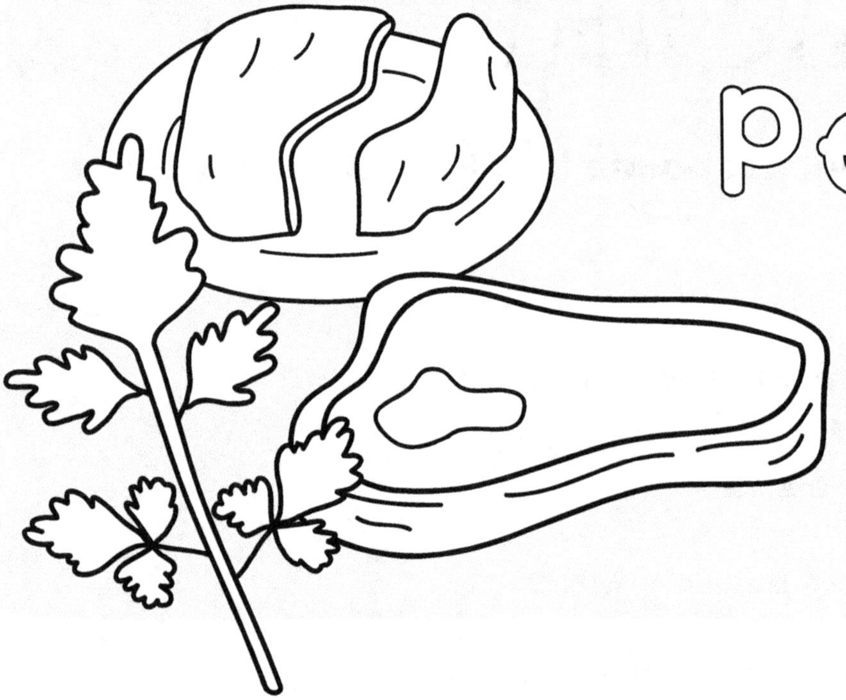

Pesach

פֶּסַח

Pascua

Traza la palabra hebrea aquí:

פסח

פסח

Escribe la palabra hebrea aquí:

¡Vamos a escribir!

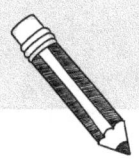 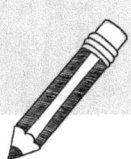

Practica a escribir "Pesach" en las líneas de abajo.

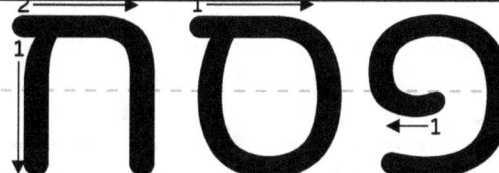

Inténtalo por tu cuenta.
Recuerda que el hebreo se lee de DERECHA a IZQUIERDA

Crucifixión

Lee Mateo 27:50-52 y escribe los versos de la Biblia a continuación.

....

....

....

1. ¿Qué se rasgó en dos cuando Yeshua entregó Su espíritu?

....

....

2. ¿Qué sacudió la ciudad después de la muerte de Yeshua?

....

....

3. ¿Quién dijo: "¡Ciertamente Él era el Hijo de Dios!"?

....

....

Dibuja una escena de la historia de la crucifixión.

¿Qué puede enseñarme la vida de Yeshua?	Yeshua murió porque…
....	....
....	....

El cordero de Pascua

Cuando Israel tenía un templo, además del cordero sin mancha para cada familia, el sumo sacerdote elegía un cordero para morir por el pecado de la nación. Cuatro días antes de la Pascua (10 de Nisán), este cordero era conducido en una gran procesión desde Betania hasta el templo. Durante la procesión, el pueblo agitaba palmas y cantaba salmos. Yeshua entró cabalgando a Jerusalén al templo el mismo día de la procesión del cordero escogido para morir por el pecado de la nación. Al hacer esto, se convirtió en "el Cordero de Yah que quita el pecado del mundo" (Juan 1:29), cumpliendo las antiguas profecías de la venida del Mesías.

Así como el cordero pascual fue examinado durante cuatro días antes de la Pascua, los líderes religiosos examinaron a Yeshua en el templo durante cuatro días antes de la Pascua. Yeshua fue preparado para el sacrificio y golpeado en la mañana del Día de la Preparación (víspera de la Pascua), así como los corderos fueron preparados en el templo en el Día de la Preparación. Yeshua fue inmolado al mismo tiempo que los corderos sin mancha fueron inmolados en la víspera de la Pascua. Según la Biblia, los corderos pascuales tenían que ser sacrificados "entre las tardes" (Éxodo 12:6). Yeshua entregó Su espíritu en el momento exacto en que se sacrificaron los corderos: la hora novena. "Entre las tardes" y "la hora novena" se basan en la forma en que los sacerdotes del templo calculaban el tiempo. Ambos se refieren a la misma hora: las tres de la tarde.

1. ¿Por qué crees que Yeshua eligió cabalgar sobre un burro joven para entrar a Jerusalén?

2. Investiga sobre la Fiesta de los Panes sin Levadura en la época de Yeshua. ¿Cuántos israelitas fueron a Jerusalén para honrar este Tiempo Designado?

3. Lee Juan 1:29, Juan 1:36, Juan 19:33, Juan 19:36, 1 Corintios 5:7-8 y 1 Pedro 1:19. ¿Fue Yeshua el cordero pascual? ¿Por qué sí / por qué no?

La Pascua

Lee Éxodo 12, Mateo 26 y Juan 18. Discute cómo las imágenes se relacionan con la historia de la Pascua y la crucifixión de Yeshua. Empareja cada palabra con la imagen correcta.

- pan
- horno
- árbol de olivo
- puerta
- sumo sacerdote
- corona

Gólgota

Haz un dibujo de la escena de la crucifixión en Gólgota.

Imagina que eres Judas. ¿Qué les hubieras dicho a los líderes religiosos al devolverles el dinero?

....
....
....
....
....
....
....
....

Termina esta oración: Yeshua murió para...

....
....
....
....
....
....

Dibuja un soldado romano en Gólgota.

La crucifixión

Lee Mateo 27. Imagina que estabas en Jerusalén en el momento de la crucifixión de Yeshua. Describe el día en que Yeshua fue crucificado.

....
....
....
....
....
....
....
....
....
....
....
....
....

Empareja las escrituras

Lee Lucas 23, Mateo 26 y Juan 19. Empareja el versículo de la Biblia con la escritura correcta para saber sobre el día de la crucifixión de Yeshua.

"Padre, perdónalos, porque no saben lo que hacen".

Juan 19:6

"Te conjuro por el Dios viviente, que nos digas si eres tú el Cristo, el Hijo de Dios".

Mateo 26:72

"Tomadle vosotros, y crucificadle; porque yo no hallo delito en él".

Mateo 26:63

"No conozco al hombre".

Lucas 23:34

En la tumba

Un discípulo secreto de Yeshua llamado José se apresuró a ver a Pilato. José era miembro del consejo religioso judío llamado Sanedrín. Él no había estado de acuerdo con su decisión de ejecutar a este hombre. Armándose de valor, le pidió a Pilato el cuerpo de Yeshua. Pilato se sorprendió al saber que Él ya había muerto. "¿Es esto cierto?", preguntó a sus soldados. "Los hombres crucificados suelen tardar mucho más en morir". Al enterarse Pilato de que así era, ordenó bajar el cuerpo de la cruz y entregárselo a José.

Con la ayuda de su amigo Nicodemo, José envolvió cuidadosamente el cuerpo con una sábana blanca y lo colocó en su propia tumba nueva excavada en roca sólida. Frente a la tumba, las mujeres que habían venido de Galilea vigilaban ver dónde era puesto el cuerpo de Yeshua. Luego se apresuraron a entrar en la ciudad para preparar especias aromáticas y perfume para Su cuerpo. Justo antes de que el sol comenzara a ponerse, José y Nicodemo hicieron rodar una gran piedra frente a la tumba para que nadie pudiera entrar o salir. Al mismo tiempo, el cielo sobre Jerusalén se llenó del humo de los hornos que asaban miles de corderos pascuales. La gente se reunió para comer el cordero y recordar cómo Yah había ayudado a los israelitas a escapar de la esclavitud en Egipto.

1. ¿Quién fue Pilato?
2. ¿Por qué crees que José era un discípulo secreto de Yeshua?
3. El entierro de Yeshua cumplió la Escritura. ¿Qué escritura?

"**José envolvió a Yeshua en una tela de lino y lo puso en una tumba que fue tallada en piedra.**"

Fiesta de las Primicias

La Fiesta de los Panes sin Levadura era un tiempo ocupado en Jerusalén. Entre 250.000 y 500.000 peregrinos acudían a honrar este Tiempo Designado. Algunos durmieron en Jerusalén, mientras que otros se quedaron en pueblos cercanos o en tiendas de campaña alrededor de la ciudad. Los peregrinos visitaron el templo, escucharon a los maestros y compraron regalos para llevar a casa. Hubo mucha actividad, fiesta y muchas oportunidades para hacer nuevos amigos y renovar viejas amistades.

Durante este tiempo se llevó a cabo la Fiesta de las Primicias (Yom HaBikkurim). Caía el día después del Sabbat durante la Fiesta de los Panes sin Levadura. La Fiesta de las Primicias es uno de los Tiempos Designados de Yah y, en tiempos bíblicos, era el trabajo del sumo sacerdote mecer la primera gavilla (generalmente un racimo de cebada conocido como el primero de los primeros frutos) ante Yah en el templo, con los sacrificios que lo acompañan. Solo después de esta ceremonia, los israelitas podían cosechar la fruta y el grano que habían cultivado. La Fiesta de las Primicias apunta a la resurrección de Yeshua como las primicias de los justos. Él resucitó en este mismo día, razón por la cual el apóstol Pablo dijo: "Mas ahora Yeshua ha resucitado de los muertos; primicias de los que durmieron es hecho" (1 Corintios 15:20).

¿Cómo los antiguos israelitas honraban la Fiesta de las Primicias?

....

¿Cómo honras la Fiesta de las Primicias?

....

....

....

....

¿Lo sabías?

La cosecha de cebada tiene lugar durante marzo/abril.

¿Cuál es la palabra?

Lee Levítico 23:9-12 (RV1960). Usando las palabras de abajo, llena los espacios en blanco para completar el pasaje de la Biblia.

| YAHWEH | COSECHA | SABBAT | CORDERO | PRIMICIA |
| ISRAEL | HOLOCAUSTO | GAVILLA | MOISÉS | SACERDOTE |

" Y habló .... a ...., diciendo: Habla a los hijos de .... y diles: Cuando hayáis entrado en la tierra que yo os doy, y seguéis su mies, traeréis al .... una gavilla por .... de los primeros frutos de vuestra .... Y el sacerdote mecerá la gavilla delante de Yah, para que seáis aceptos; el día siguiente del día de .... la mecerá. Y el día que ofrezcáis la ...., ofreceréis un .... de un año, sin defecto, en .... a Yah. "

"…traeréis al sacerdote una gavilla por primicia de los primeros frutos de vuestra cosecha…"

(Levítico 23:10)

Fiesta de las Primicias

Abre tu Biblia en Mateo 28:5-6. Copia las escrituras en las líneas proporcionadas. Usa tu imaginación para colorear la ilustración en la parte de abajo de la página.

Bikkurim

El nombre hebreo de las primicias es Bikkurim. Durante la Fiesta de las Primicias (Yom HaBikkurim) en el antiguo Israel, los israelitas tomaban las primicias de su cosecha de primavera y se las ofrecían a Yah. Yah nos pidió que recordáramos y honráramos este Tiempo Designado para siempre.

Bikkurim
בִּכּוּרִים
Primicias

Traza la palabra hebrea aquí:

בִּיכּוּרִים

בִּיכּוּרִים

Escribe la palabra hebrea aquí:

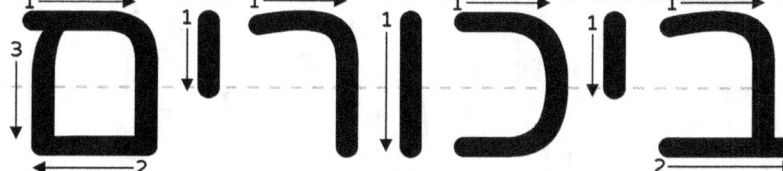

Practica a escribir "Bikkurim" en las líneas de abajo.

בִּיכּוּרִים

בִּיכּוּרִים

Inténtalo por tu cuenta.
Recuerda que el hebreo se lee de DERECHA a IZQUIERDA.

La cruz y la TUMBA VACÍA

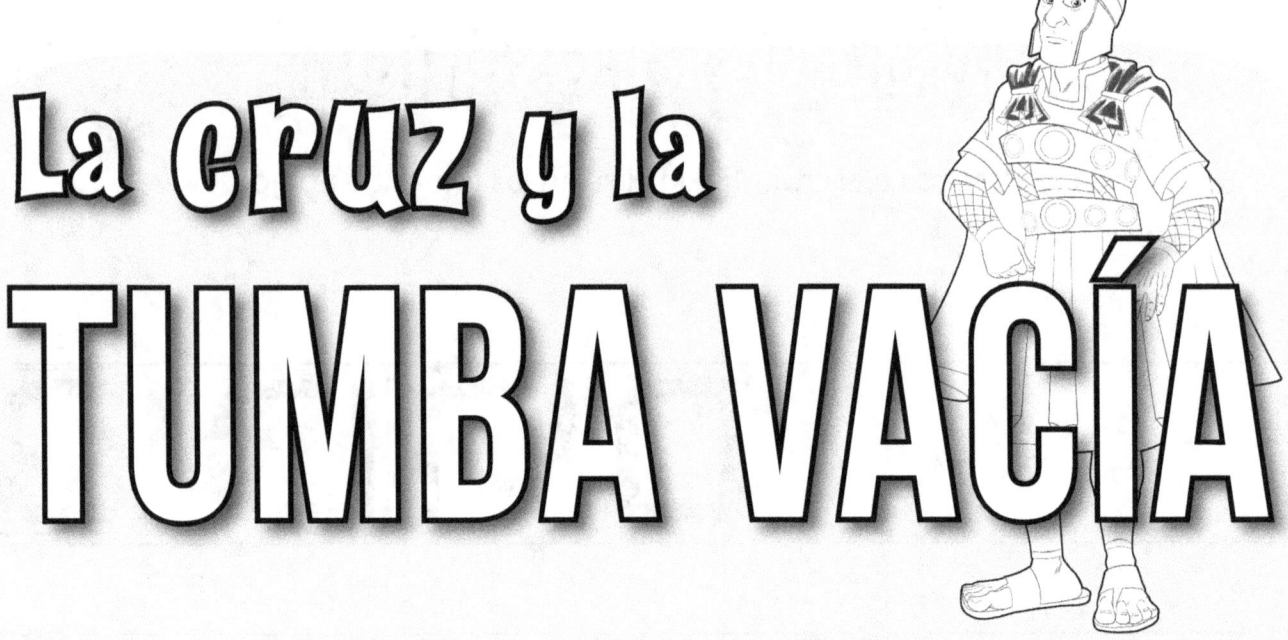

Lee Mateo 28, Marcos 16, Lucas 24, Juan 20 y Hechos 1 (RV1960). Completa el siguiente crucigrama.

HORIZONTAL

1) Este tipo de ser espiritual abrió la tumba.
3) El gobernador romano que sentenció a Yeshua a morir.
6) Después de que Yeshua muriera, esto golpeó la ciudad.
8) ¿Qué se rompió de arriba a abajo dentro del templo?
9) Yeshua se encontró con sus discípulos al lado de este mar.

VERTICAL

2) Nombre del lugar donde Yeshua fue crucificado.
3) ¿En qué Tiempo Designado Yeshua resucitó de Su tumba?
4) Este discípulo saltó del bote y nadó hasta Yeshua.
5) Yeshua fue crucificado en este objeto romano.
7) El discípulo que traicionó a Yeshua.

Fiesta de las Primicias

Haz un dibujo del ángel abriendo la tumba.

Imagina que eres María. ¿Qué les dirías a los discípulos cuando regresaras de la tumba vacía?

....
....
....
....
....
....
....
....

¿En qué parte de la Biblia puedo encontrar las instrucciones para honrar la Fiesta de las Primicias?

....
....
....
....

Si la resurrección fuera una película, el póster se vería así...

La RESURRECCIÓN

Lee Mateo 28, Marcos 16, Lucas 24, Juan 20 y Hechos 1. Responde las siguientes preguntas.

1. ¿Quién rodó la piedra que tapaba la tumba de Yeshua?

2. ¿Durante qué Tiempo Designado Yeshua resucitó de Su tumba?

3. ¿Qué les dieron los sacerdotes a los guardias romanos para que no dijeran nada?

4. ¿Qué mujer se encontró con Yeshua fuera de la tumba?

5. Cuándo María Magdalena, María madre de Santiago y Salomé fueron a la tumba con sus especias, ¿qué encontraron?

6. ¿Qué les dijeron los dos desconocidos a las mujeres afuera de la tumba?

7. ¿Qué discípulo dudó de que Yeshua estaba vivo?

8. Mientras esperaban por Yeshua, ¿a qué mar fueron a pescar Sus discípulos?

9. ¿Cuánto tiempo se quedó Yeshua en la tierra después de Su resurrección y antes de ascender al cielo?

10. ¿Cuáles fueron las instrucciones finales de Yeshua a Sus discípulos?

¡Ha resucitado!

Lee Mateo 28:7 y escribe el versículo de la Biblia a continuación.

....

....

....

1. ¿Quién rodó la piedra? (Mateo 28:2)

....

....

2. ¿A quién se le apareció Yeshua primero fuera de Su tumba? (Juan 20:16)

....

....

3. ¿A quién le dijo María que Yeshua había resucitado? (Juan 20:16)

....

....

Dibuja tu escena favorita de esta historia.

¿Qué puede enseñarme la resurrección de Yeshua?	Honro la Fiesta de las Primicias al…
....	....
....	....

¿Lo sabías?

Cuando Yeshua resucitó de Su tumba, "se abrieron los sepulcros, y muchos cuerpos de santos que habían dormido, se levantaron; y saliendo de los sepulcros, después de la resurrección de Él, vinieron a la santa ciudad, y aparecieron a muchos" (Mateo 27:52-53).

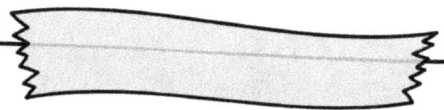

Lee Mateo 27. Discutan: ¿quiénes eran estos santos?
Dibuja una escena de este pasaje de la Biblia.

¿Descubrimiento del Gólgota?

Según la Biblia, Yeshua fue crucificado fuera de los muros de Jerusalén, cerca de un lugar llamado "Gólgota" o "Lugar de la Calavera" (Marcos 15:22). La ley judía no permitía crucifixiones ni entierros dentro de la ciudad. Debido a que los cadáveres se consideraban inmundos, los sepulcros hebreos y los cementerios siempre estaban fuera de las murallas de la ciudad.

Algunos arqueólogos creen que han encontrado el sitio de la crucifixión de Yeshua en las afueras de los antiguos muros de Jerusalén en el Gólgota. Se encuentra al lado de una parada de autobús cerca de la tumba donde se colocó a Yeshua. El sitio real de la crucifixión estaba bajo muchos pies de tierra, con agujeros en la roca donde se erigieron cruces y nichos en la pared de roca detrás de los cuales se colocaron carteles. El agujero transversal central tenía una grieta sísmica al lado. La Biblia menciona que ocurrió un terremoto durante la crucifixión, causando que las rocas se partieran. "Y he aquí, el velo del templo se rasgó en dos, de arriba abajo; y la tierra tembló, y las rocas se partieron" (Mateo 27:51). ¿Qué opinas? ¿Han encontrado los arqueólogos el sitio de la crucifixión de Yeshua?

1. ¿Cuál es el otro nombre del Gólgota?

   ....

2. ¿Qué descubrieron los arqueólogos cerca de los antiguos muros de Jerusalén?

   ....

   ....

   ....

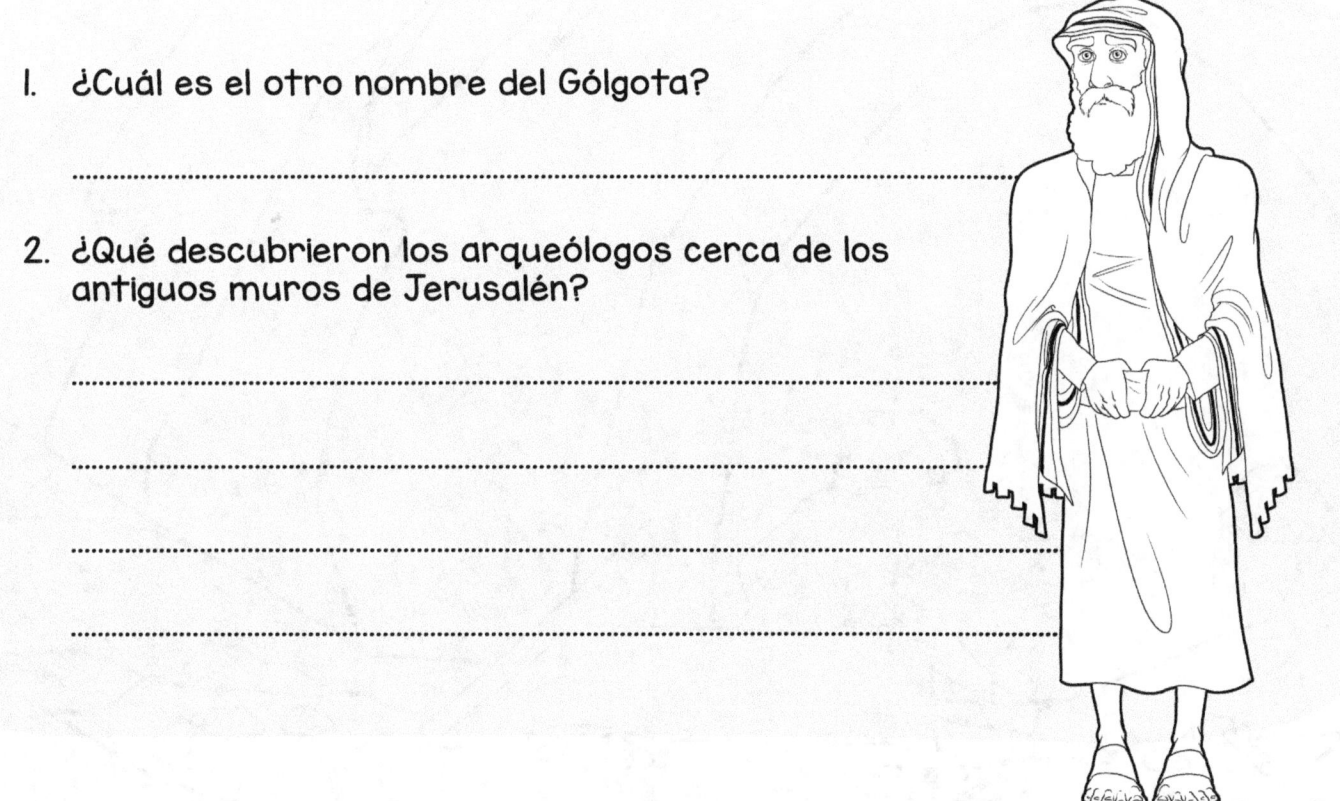

" ...muchos cuerpos de santos que habían dormido, se levantaron; y saliendo de los sepulcros... aparecieron a muchos."

(Mateo 27:52-53)

La resurrección

¿Les dijo Yeshua a los discípulos que resucitaría de la tumba? ¡Vamos a averiguarlo! El siguiente versículo de la Biblia está escrito en código. ¡Usa la tabla en la parte inferior de la página para completar las letras que faltan y descifrar el código! *Pista: lee Lucas 24:6 (RV1960)*

```
 N  O  E  S  T  Á     A  Q  U  Í     N  O  E      D  E    
26 21 19 16  5    14  6 13   16 18 26 21    6 13 19  2 14

 S  I  N  O     Q  U  E     H  A     R  E  S  U  C  I  T  A  D  O
17 19 16 13  4 18  5 14 25 21 14  4 21 17 25 14 21 16 25 19 20 21

 A  C  O  R  D  A  O  S     D  E     L  O     Q  U  É     O  S
 6 13 19 21 16  2 14  7 20    4 13 14   26 25 21 14    Ú  26

 H  A  B  L  Ó     C  U  A  N  D  O     A  Ú  N     E  S  T  A  B  A
19 16  5 14  7 14 19 26 10 14 20 18 20 19 14
```

A	B	C	D	E	F	G	H	I	J	K	L	M
				19				18				4

N	O	P	Q	R	S	T	U	V	W	X	Y	Z
						5						

¡Ha RESUCITADO!

Lee Mateo 28, Marcos 16, Lucas 24, Juan 20 y Hechos 1. Encuentra y encierra en un círculo las siguientes palabras.

```
R Y K C E K Z D Q F D G Z I T
P K E M D D L D S A R U J W I
M P G S N C Z I F Y Y A E X E
E I F G H X Y S S X E R R I M
S E B G O U T C Q D X D U V P
Í D R L F Y A Í X Q T I S J O
A R T F W V M P Á X N A A F D
S A L O Y X A U C N N S L P E
V L F E B K W L E J G I É J S
M T E R R E M O T O I E N A I
M I M U M V R S O P G Z L T G
M G W G F K Y V A I A S T Z N
Z R E S U C I T A D O P F L A
U P R I M I C I A S H W G N D
V C Q U J A R D Í N M O P M O
```

RESUCITADO
GUARDIAS
MESÍAS
PRIMICIAS
PIEDRA
JARDÍN
JERUSALÉN
DISCÍPULOS
TERREMOTO
ÁNGEL
YESHUA
TIEMPO DESIGNADO

Ciudad de Jerusalén

Las Noticias de Jerusalén

FIESTA DE LAS PRIMICIAS — UNA PUBLICACIÓN DE HISTORIA DE LA BIBLIA

Terremoto en Jerusalén

....

....

....

....

....

¡La tumba estaba vacía!

....

....

....

....

Comienza la cosecha de cebada

El reporte de la guardia

Abre tu Biblia y lee Mateo 28.
Responde las preguntas. Colorea la imagen.

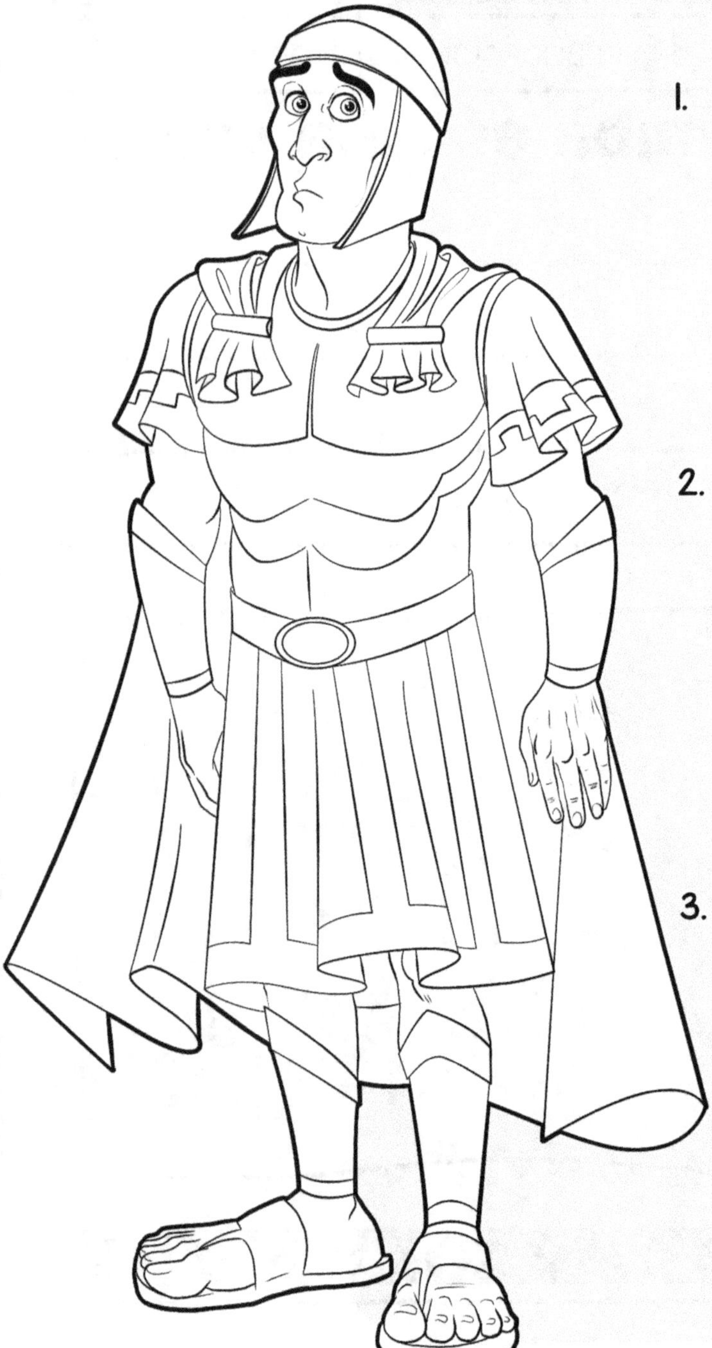

1. ¿Quién les dijo a los líderes religiosos que Yeshua se había ido?

   ....
   ....
   ....

2. ¿Qué les dieron los líderes religiosos a los soldados para que no dijeran nada?

   ....
   ....
   ....

3. ¿Qué les dijeron los líderes religiosos a los soldados que dijeran sobre la desaparición de Yeshua?

   ....
   ....
   ....

Una tumba vacía

Tres días después de la muerte de Yeshua, una luz brillante brilló alrededor de la tumba y un ángel temible con vestiduras blancas y resplandecientes apareció como un rayo. Los soldados romanos que custodiaban la tumba estaban aterrorizados. Cayeron al suelo como si estuvieran muertos. Cuando abrieron los ojos, el ángel se había ido. La puerta de piedra había sido removida y la tumba estaba vacía. Corrieron a la ciudad para contarles a los líderes religiosos lo que había sucedido.

"Un ángel apartó la puerta de piedra", dijeron los guardias a los líderes religiosos cuando los encontraron. "La tumba está vacía. No sabemos a dónde ha ido el cuerpo". Un sumo sacerdote levantó la mano para silenciar a los hombres. No creía en los ángeles ni en la vida después de la muerte. "No podemos decirle a la gente que ha desaparecido el cuerpo. Podrían creer que este hombre era el Mesías prometido y venir por nosotros". Los otros líderes religiosos estuvieron de acuerdo. No querían que los seguidores de Yeshua se amotinaran durante la Fiesta de los Panes sin Levadura. En cambio, se les ocurrió un plan. Entregándoles a los guardias una bolsa de dinero, dijeron: "Digan que Sus discípulos vinieron en la noche y robaron Su cuerpo mientras ustedes dormían". Los guardias se miraron entre sí con ansiedad. No sabían si les gustaba esta idea. En el ejército romano, los soldados que se quedaban dormidos en el servicio de guardia eran ejecutados. "No se preocupen", agregaron los líderes religiosos. "Si Pilato se entera de lo que pasó, los protegeremos".

1. ¿Por qué los líderes religiosos sobornaron a los guardias?

2. ¿Qué es un soborno?

¿Siclos o denarios?

En la época de Yeshua, los romanos gobernaban la tierra de Judea. La unidad estándar de la moneda romana era el denario de plata, que tenía la imagen de César. Un empleador pagaba a un trabajador un denario por una jornada laboral de 12 horas. Otro tipo de moneda de plata que usaban los hebreos era el siclo, que valía cuatro denarios. El impuesto del templo de medio siclo pagado por todos los hebreos para mantener el templo en Jerusalén equivalía a dos denarios o dos dracmas.

Lee Mateo 28. Responde las siguientes preguntas.

1. ¿Quién les pagó a los guardias para que no dijeran nada?

2. ¿Qué crees? ¿A los guardias les pagaron con denarios o siclos? ¿Por qué?

Diseña tu propia moneda de plata

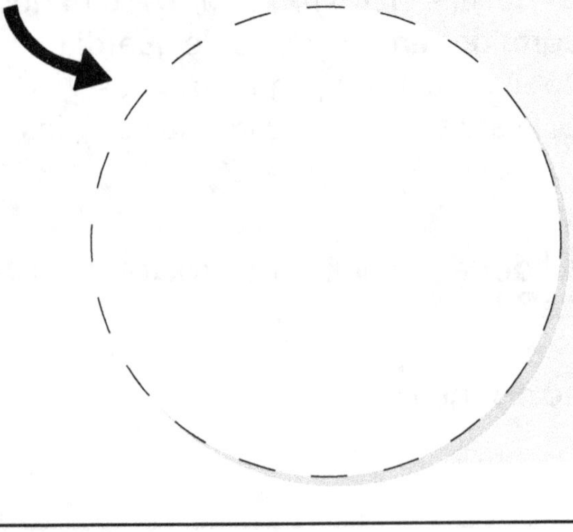

3. ¿Cuál versículo de la Biblia en Éxodo 23 menciona los sobornos? Escribe el versículo de la Biblia a continuación.

Entrevista a un fariseo

Los fariseos y los líderes sacerdotes temían que los amigos de Yeshua robaran Su cuerpo para dar la apariencia de una resurrección. Le pidieron a Pilato que asignara soldados romanos para cuidar la tumba (Mateo 27:62-66). Una revista te ha enviado a ti (un fariseo) un cuestionario. Cuéntales lo que sucedió el día de la resurrección de Yeshua.

1. Preséntate.

....
....

2. ¿En qué cree un fariseo?

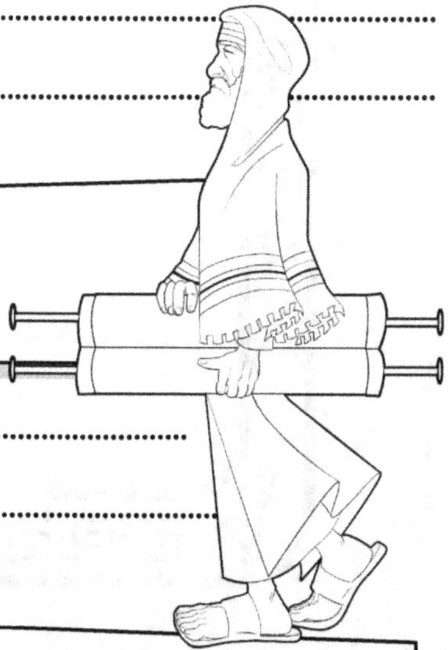

....
....

3. Describe la desaparición de Yeshua.

....
....

4. ¿Cómo reaccionaste a la desaparición de Yeshua?

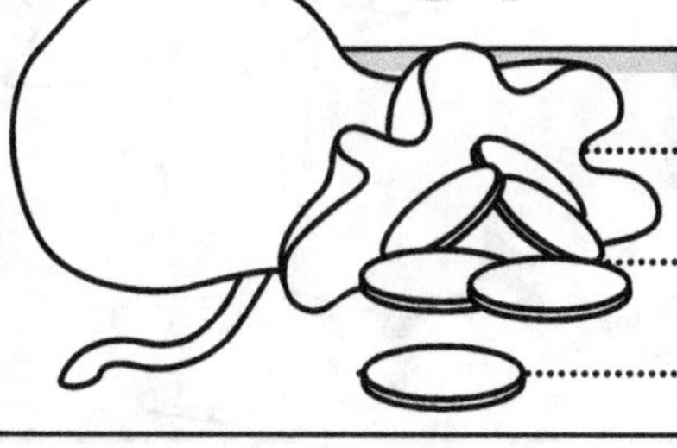

....
....

La guardia romana

La guardia romana era una unidad de dieciséis hombres que tenía reglas estrictas. Los miembros de la guardia no podían sentarse ni apoyarse en nada mientras estaban de servicio. Si un miembro de la guardia se dormía, lo golpeaban y lo quemaban con su propia ropa. Pero no era el único en ser ejecutado: toda la unidad era ejecutada si solo uno de los guardias se dormía mientras estaba de servicio. ¡No es de extrañar que los guardias tuvieran miedo cuando vieron la tumba vacía! Todos morirían si su "prisionero" se había escapado. Lee Mateo 28 y responde las preguntas.

1. ¿Qué les dijeron los líderes sacerdotes a los guardias?

2. ¿Por qué crees que los guardias tomaron el dinero de los líderes sacerdotes?

¡Colorea el guardia!

Mi ofrenda de las Primicias

Durante la Fiesta de las Primicias, los antiguos israelitas tomaban los primeros frutos de su cosecha de primavera y se las ofrecían a Yah. De esta manera, santificaban toda su cosecha (Levítico 23:9-14).
¿Qué le das a Yah en la Fiesta de las Primicias?
Haz un dibujo de tu regalo en el espacio de abajo.

Una pregunta de fe...

Lee Juan 20:1-31 y responde las preguntas. Colorea el mapa.

¿Qué necesitaba ver Tomás para creer que Yeshua había resucitado?

....

....

¿Cuántos días después Yeshua se les apareció a los discípulos?

....

....

¿Qué hizo Yeshua para ayudar a Tomás a creer que Él había resucitado de la tumba?

....

....

Lee Lucas 24. ¿En qué ciudad se apareció Yeshua primero a Sus discípulos después de resucitar de la tumba? Encierra en un círculo la ciudad en el mapa.

Datos de los discípulos

Yeshua enseñó a Sus discípulos cómo discipular a otros.
¿Puedes nombrar algunos de los discípulos más cercanos de Yeshua?
Lee los datos a continuación y emparéjalos con el discípulo correcto.

1. Un judeo, traicionó a Yeshua por 30 piezas de plata, se ahorcó.

....

2. Su nombre griego era Dídimo, dudó de la resurrección de Yeshua.

....

3. Hermano de Santiago, su segundo nombre era Boanerges, que significa hijo del Trueno; escribió el Evangelio de Juan y Apocalipsis.

....

4. Proveniente de Betsaida, uno de los primeros discípulos.

....

5. Hijo de Zebedeo, predicó en Jerusalén y Judea, fue decapitado por Herodes en el 44 d.C.

....

6. Hermano de Pedro, pescador, originalmente discípulo de Juan el Bautista.

....

7. Recaudador de impuestos, también llamado Levi.

....

8. Hermano de Santiago el menor, le preguntó a Yeshua en la última cena: "Señor, ¿cómo es que te manifestarás a nosotros, y no al mundo?".

....

9. Su nombre significa "hijo de Tolmai", vivió en Caná.

....

10. Pescador, casado, negó conocer a Yeshua tres veces.

....

ANDRÉS
BARTOLOMÉ
SANTIAGO, HIJO DE ZEBEDEO
TOMÁS
JUAN

JUDAS
JUDAS (TADEO)
MATEO
PEDRO
FELIPE

Empareja las escrituras

El apóstol Tomás, también conocido como Dídimo ("gemelo"), fue uno de los doce discípulos del Mesías. Tomás es comúnmente conocido como "Tomás el que duda" porque inicialmente dudó de la resurrección de Yeshua cuando se lo dijeron. Empareja el versículo de la Biblia con la escritura correcta para aprender más sobre Tomás.

"Señor, no sabemos a dónde vas; ¿cómo, pues, podemos saber el camino?". Jesús le dijo: "Yo soy el camino, y la verdad, y la vida; nadie viene al Padre, sino por mí".

Juan 11:16

"Si no viere en sus manos la señal de los clavos, y metiere mi dedo en el lugar de los clavos, y metiere mi mano en su costado, no creeré".

Juan 14:5

"Vamos también nosotros, para que muramos con él".

Lucas 6:13-16

"Llamó a Sus discípulos, y escogió a doce de ellos, a los cuales también llamó apóstoles: Simón, a quien también llamó Pedro, Andrés, Jacobo y Juan, Felipe y Bartolomé, Mateo, Tomás...".

Juan 20:25

¿Quién fue Poncio Pilato?

Este artículo presenta a Poncio Pilato. Mientras lo lees, piensa en el tipo de hombre que sentenció a muerte a Yeshua. Responde las siguientes preguntas.

Poncio Pilato

En el momento de la muerte de Yeshua, Poncio Pilato era el gobernador romano de Judea y Samaria. Su trabajo consistía en recaudar impuestos, construir caminos y gobernar esta región del Imperio Romano. Pilato no era un gobernador popular. En una carta de Agripa I, Pilato fue acusado de comportamiento duro, orgullo, violencia, codicia, ejecuciones sin juicio y crueldad horrible. En el año 36 d. C., tres años después de sentenciar a muerte a Yeshua, Pilato fue llamado de regreso a Roma para ser interrogado sobre el duro manejo de un incidente que involucraba al pueblo judío. Algunos historiadores afirman que Pilato se suicidó más tarde. Otros dicen que el emperador Nerón lo ejecutó. Otra versión dice que finalmente aceptó a Yeshua y fue ejecutado por el emperador Tiberio.

En 1961, los arqueólogos encontraron un bloque de piedra caliza en un antiguo anfiteatro romano cerca de Cesarea Marítima. En su frente hay una inscripción, parte de una dedicatoria más grande a Tiberio César, que dice que fue de "Poncio Pilato, Prefecto de Judea". Los visitantes de Cesarea hoy ven una réplica de un bloque de piedra caliza, ya que el original se encuentra en el Museo de Israel en Jerusalén.

Preguntas:

¿Por qué Pilato no era muy querido como gobernador?

....

¿Qué han encontrado los arqueólogos que ayuda a probar que Pilato gobernó Judea?

....

Los romanos

Los romanos conquistaron Jerusalén en el 63 a.C. y gobernaron Judea durante muchos años. Usaron líderes locales como Herodes el Grande para controlar a la gente. La brutalidad romana era parte de la vida. Por ejemplo, un soldado romano podía obligar a una persona a llevar lo que fuera necesario mover durante una milla. Los romanos también usaban la crucifixión como una forma de controlar a todos. A menudo verías caminos bordeados de personas crucificadas en cruces porque se habían opuesto a César, el emperador romano.

Los romanos cobraban a los hebreos todo tipo de impuestos, incluidos los impuestos sobre alimentos, caminos y capitaciones. También enfrentaron impuestos religiosos y otros impuestos aplicados por Herodes. Había impuestos sobre el agua, la vivienda y las ventas, e impuestos adicionales sobre artículos como la carne y la sal. También había un impuesto del templo para pagar el mantenimiento del templo en Jerusalén. Debido a estos impuestos, muchas familias hebreas eran muy pobres. En el año 66 d.C., la gente finalmente se cansó de los romanos. Lucharon contra los romanos hasta que los romanos capturaron Jerusalén y destruyeron el templo en el año 70 d.C.

1. ¿Cómo los romanos controlaban al pueblo de Judea?
   ....
   ....

2. ¿Qué tipo de impuestos tenían que pagar los hebreos?
   ....
   ....
   ....

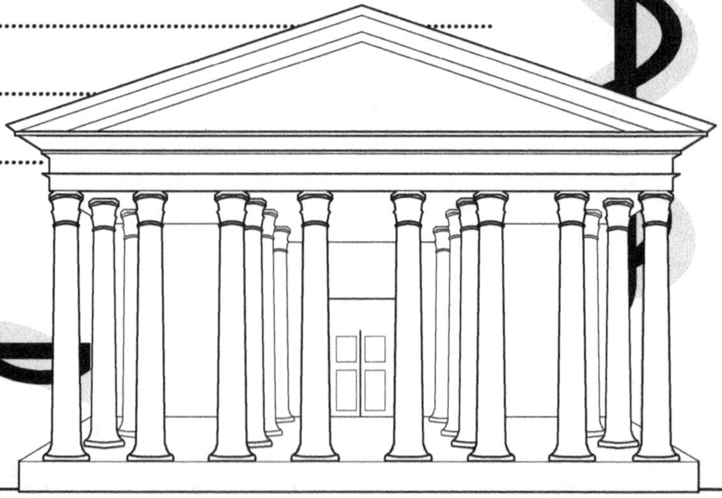

Yeshua se les aparece a Sus discípulos

¿Las siguientes afirmaciones son VERDADERAS o FALSAS? Lee Juan 20 (RV1960).
Encierra en un círculo la casilla correcta.

Yeshua se les apareció a sus discípulos el tercer día de la semana.	VERDADERO	FALSO
Los discípulos estaban encerrados dentro del templo.	VERDADERO	FALSO
Yeshua les dijo a Sus discípulos: "Paz a vosotros".	VERDADERO	FALSO
Yeshua hizo una fiesta para celebrar Su resurrección.	VERDADERO	FALSO
Yeshua sopló sobre Sus discípulos y dijo: "Recibid al Espíritu Santo".	VERDADERO	FALSO
Tomás era llamado el "gemelo".	VERDADERO	FALSO

¿Qué le dijo Yeshua a Tomás?

Fiesta de Shavu'ot

La Fiesta de Shavu'ot, la tercera fiesta en el ciclo anual de los Tiempos Designados de Yah, también se conoce como la Fiesta de la Cosecha de los Primeros Frutos (Éxodo 23:16), el Día de los primeros frutos (Números 28:26) y el Fiesta de las Semanas. Se celebra 50 días a partir del "día siguiente al Sabbat semanal" durante la Fiesta de los Panes sin Levadura, que es el origen del nombre Pentecostés (que significa "contar 50"). Shavu'ot debía ser un día de descanso en el que estaba prohibido el trabajo laborioso o servil (Levítico 23:21), una asamblea ordenada (Levítico 23:21), un tiempo en el que los sacerdotes ofrecían ofrendas y sacrificios (Levítico 23:18– 20), un tiempo en que todos los varones debían traer los diezmos del aumento de sus ingresos, cuando los sacerdotes debían ofrecer como ofrenda mecida a Yah dos panes hechos de trigo recién cosechado (Levítico 23: 17-20) y un tiempo de regocijo (Deuteronomio 16:11).

Pedro y los discípulos estaban en Jerusalén para Shavu'ot cuando descendieron lenguas como de fuego y muchos peregrinos entendieron lo que los discípulos decían en su propio idioma. Algunos estudiosos de la Biblia creen que estos peregrinos eran descendientes de las diez tribus de Israel esparcidas por el extranjero.

Lee Levítico 23. ¿Cómo dice la Torá que se honre la Fiesta de Shavu'ot?

....

¿Cómo honras la Fiesta de Shavu'ot?

....

....

....

....

....

¿Lo sabías?

En la Biblia, Shavu'ot se llama la Fiesta de las Semanas, el festival de la Cosecha y el Día de los Primeros Frutos. Su nombre griego es Pentecostés, que significa "quincuagésimo día".

Hasta el DÍA SIGUIENTE DEL SÉPTIMO día de Sabbat CONTARÉIS cincuenta días; entonces OFRECERÉIS EL nuevo GRANO a JEHOVÁ

(LEVÍTICO 23:16)

Los Diez MANDAMIENTOS

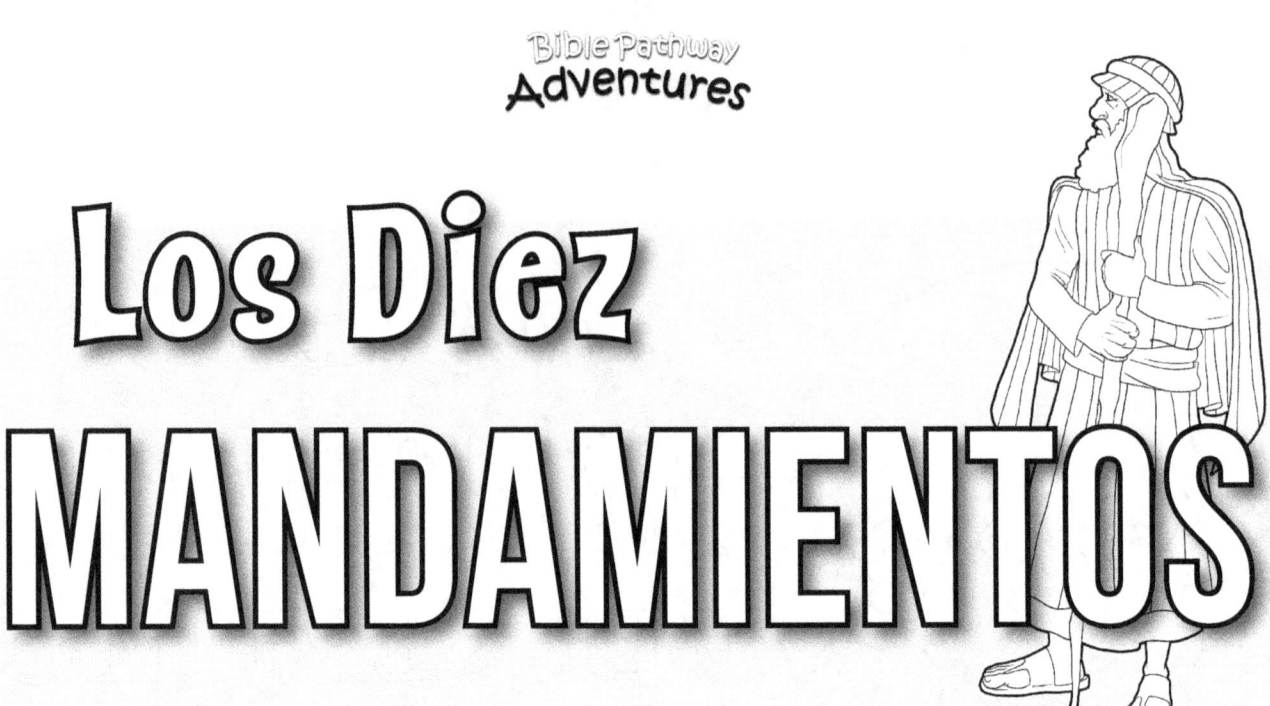

Lee Éxodo 20. Responde las siguientes preguntas.

1. ¿A quién le dio Yah los Diez Mandamientos?

2. ¿Cuál es el 5º mandamiento?

3. ¿Qué mandamiento es "no matarás"?

4. ¿Sobre qué estaban escritos los Diez Mandamientos?

5. ¿Cuál es el 4º mandamiento?

6. ¿Qué mandamiento nos dice que no debemos mentir?

7. ¿Qué mandamiento prohíbe robar?

8. ¿Qué mandamiento prohíbe hacer ídolos para adorar a Yah?

9. ¿Dónde Moisés recibió los mandamientos de Yah?

10. ¿Cuál es el 10º mandamiento?

Vístete como un israelita

Los antiguos israelitas usaban ropa como túnicas y batas. ¡Hagamos una túnica! Pídeles a tus padres que te ayuden a hacer esto.

Instrucciones:

1. Padres: mida el cuerpo de su niño de codo a codo y de rodilla a hombro.
2. Encuentre una sábana o cobija vieja tan grande como su niño y dóblela por la mitad.
3. Corte un agujero en el medio del pliegue lo suficientemente ancho para que quepa su cabeza.
4. Póngale la "túnica" por sobre su cabeza. Amarre un cinturón hecho con cuerda, cinta, cuero o tela alrededor de su cintura.

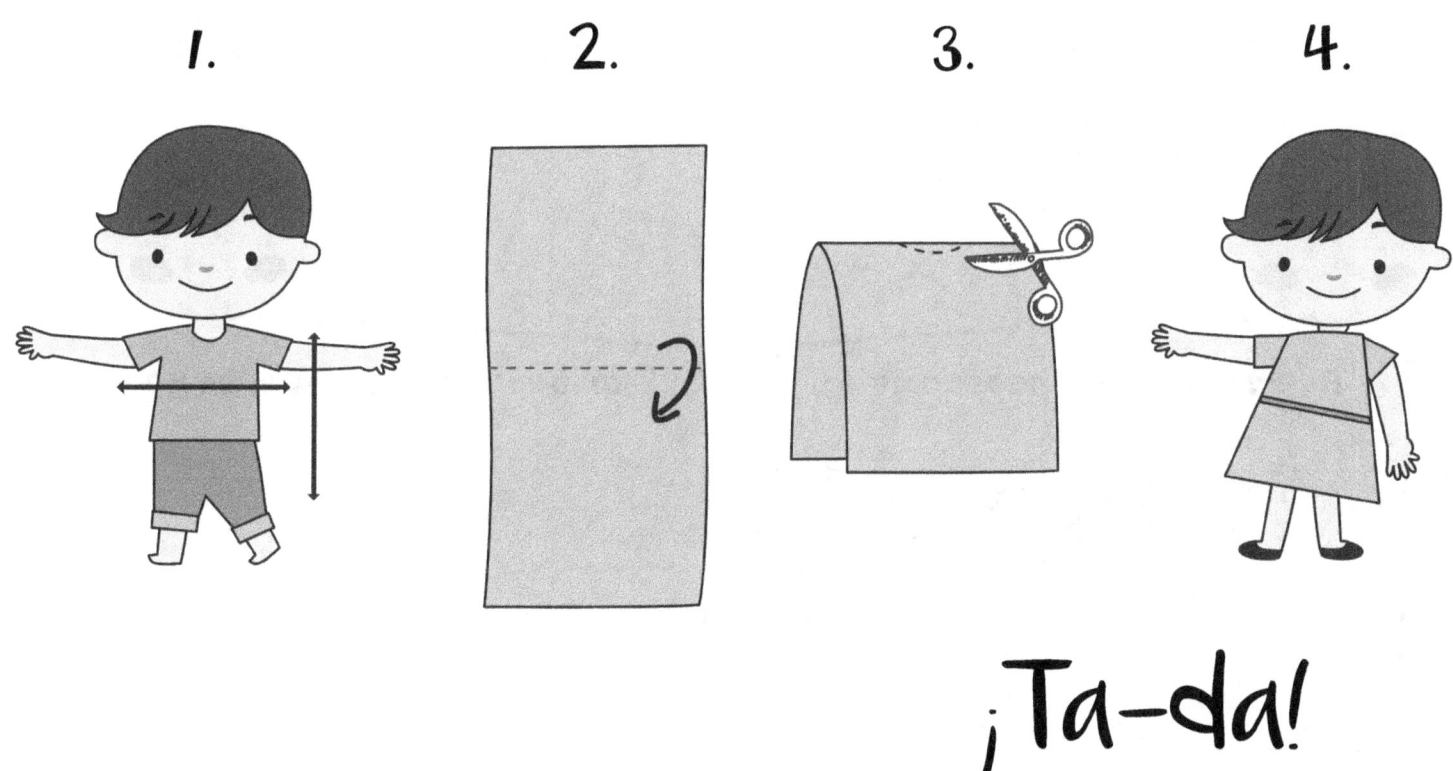

Shavu'ot

El nombre hebreo para el Día de Pentecostés es Shavu'ot. En la época de Yeshua, israelitas de diferentes países iban a Jerusalén para honrar esta sagrada fiesta. Algunos estudiosos de la Biblia creen que estos israelitas eran de las diez tribus "perdidas" de Israel que Yah había esparcido por los cuatro rincones de la tierra.

Shavu'ot
שָׁבוּעוֹת

Día de Pentecostés

Traza la palabra hebrea aquí:

שָׁבוּעוֹת
שבועות

Escribe la palabra hebrea aquí:

¡Vamos a escribir!

Practica a escribir "Shavu'ot" en las líneas de abajo.

שבועות

שבועות

Inténtalo por tu cuenta.
Recuerda que el hebreo se lee de DERECHA a IZQUIERDA.

Monte Sinaí

Mucha gente cree que el monte Sinaí está ubicado en la Península del Sinaí en Egipto, pero no hay evidencia bíblica o arqueológica que respalde este lugar como el monte Sinaí bíblico. Echemos un vistazo más de cerca y veamos si estás de acuerdo. Lee el artículo y responde las preguntas en la página siguiente.

Monte Sinaí

¿Sabías que la Biblia dice que el monte Sinaí está ubicado en Arabia, no en Egipto (Gálatas 4:25)? Recientemente, los arqueólogos descubrieron un lugar que apunta a Jebel el Lawz en Arabia Saudita como la ubicación del bíblico monte Sinaí. Esta montaña se encuentra en el noroeste de Arabia Saudita, cerca de la costa del Golfo de Áqaba. Un mapa aéreo muestra que la montaña tiene una forma casi semicircular que encierra un área de 5.000 acres. A diferencia de otras montañas cercanas, toda la cima de Jebel el Lawz está ennegrecida (Éxodo 19:18). En la cara de Jebel el Lawz hay evidencia de un antiguo arroyo. La Biblia dice que cuando Moisés destruyó el becerro de oro, "echó el polvo en el arroyo que descendía del monte…" (Deuteronomio 9:21). En 1985, los arqueólogos encontraron muchas columnas de piedra grandes (o pozos) cerca que formaban una línea a lo largo de una antigua área de "lago" que bordeaba el recinto sagrado. ¿Fueron estos pozos y lago parte de un sistema de suministro de agua creado para proporcionar agua dulce a los israelitas?

La Biblia dice: "Moisés… edificó un altar al pie del monte, y doce columnas, según las doce tribus de Israel" (Éxodo 24:4). En la base de Jebel el Lawz, los arqueólogos encontraron un altar similar al altar de piedra "sin cortar" mencionado en el libro del Éxodo (Éxodo 20:25; 24:4). Al lado del altar había una estructura en forma de "L" con paredes de unos tres pies de espesor. ¿Era esta área donde se mataba a los animales antes de ser sacrificados como holocausto? Cerca de allí, los arqueólogos encontraron doce grandes rocas de granito de aproximadamente seis pies de ancho y nueve pies de alto. Aproximadamente a 2 km del recinto sagrado, los arqueólogos descubrieron un gran altar de piedra con inscripciones de dioses egipcios de la fertilidad animal. Si los israelitas crearon estas inscripciones, entonces tiene sentido que representaran dioses egipcios ya que solían vivir en Egipto.

Monte Sinaí

Objetivo de la misión: entender la ubicación del bíblico monte Sinaí.

Lee cada pregunta y escribe tu respuesta en las líneas.

Busca en un atlas. ¿Dónde está Arabia Saudita?

....
....
....

¿Qué crees? ¿Es Jebel el Lawz el bíblico monte Sinaí?

....
....
....

Lee el pasaje de la página anterior y haz tu propia investigación. ¿Qué evidencia han encontrado los arqueólogos que apunta a Jebel el Lawz como el monte Sinaí bíblico?

....
....
....
....
....

Monte Sinaí

Abre tu Biblia y lee Éxodo 20:1-21.
Responde las preguntas. Colorea la imagen.

1. ¿Qué día debemos santificar (apartar)?

   ....
   ....
   ....

2. ¿A quién debemos honrar?

   ....
   ....
   ....

3. ¿Por qué los israelitas querían que Moisés les hablara?

   ....
   ....
   ....

Fiesta de SHAVU'OT

Lee Éxodo 19-20, Levítico 23, Deuteronomio 16 y Hechos 2-3. Responde las siguientes preguntas.

1. ¿Desde qué montaña Dios anunció Sus mandamientos?
2. ¿Cuántos días Moisés estuvo en la montaña para recibir los mandamientos?
3. ¿Cuántas tribus acamparon al pie de la montaña?
4. ¿Cuál de los mandamientos es: acuérdate del Sabbat?
5. ¿Cuál es el quinto mandamiento?
6. En Hechos 2, ¿qué sonido escucharon los discípulos cuando llegaron al templo?
7. ¿Qué escuchó la gente cuando los discípulos comenzaron a hablarles?
8. ¿Qué discípulo se paró y le habló a la gente sobre Yeshua?
9. En Hechos 2:41, ¿cuántas personas se arrepintieron y se bautizaron ese día?
10. ¿En qué ciudad los discípulos celebraron Shavu'ot?

Hechos 2

Escribe un resumen corto

....
....
....
....

Hoy, Yah me mostró...

....
....
....

Versículo clave   **Personas clave**   **Idea clave**

¿Cuál es la palabra?

Lee Hechos 2:1-11 (RV1960). Usando las palabras de abajo, llena los espacios en blanco para completar el pasaje de la Biblia.

PENTECOSTÉS	ESPÍRITU SANTO	OÍA	MESOPOTAMIA
VIENTO	LENGUAS	GALILEOS	EGIPTO
FUEGO	NACIONES	PARTOS	ÁRABES

"Cuando llegó el día de ...., estaban todos unánimes juntos. Y de repente vino del cielo un estruendo como de un .... recio que soplaba, el cual llenó toda la casa donde estaban sentados; y se les aparecieron lenguas repartidas, como de ...., asentándose sobre cada uno de ellos. Y fueron todos llenos del ...., y comenzaron a hablar en otras ...., según el Espíritu les daba que hablasen. Moraban entonces en Jerusalén israelitas, varones piadosos, de todas las .... bajo el cielo. Y hecho este estruendo, se juntó la multitud; y estaban confusos, porque cada uno les .... hablar en su propia lengua. Y estaban atónitos y maravillados, diciendo: Mirad, ¿no son .... todos estos que hablan? ¿Cómo, pues, les oímos nosotros hablar cada uno en nuestra lengua en la que hemos nacido? ...., medos, elamitas, y los que habitamos en ...., en Judea, en Capadocia, en el Ponto y en Asia, en Frigia y Panfilia, en .... y en las regiones de África más allá de Cirene, y romanos aquí residentes, tanto judíos como prosélitos, cretenses y ...., les oímos hablar en nuestras lenguas las maravillas de Yah."

Fiesta de Shavu'ot

Haz un dibujo de Moisés recibiendo los Diez Mandamientos.

Imagina que eres un parto visitando Jerusalén. ¿Qué pensarías cuando escucharas a los apóstoles hablar en tu propio idioma?

_____
_____
_____
_____
_____
_____
_____

Si de pronto pudieras entender todos los idiomas, ¿cómo cambiaría tu vida?

_____
_____
_____
_____
_____

Si el Día de Pentecostés fuera un libro, la portada se vería así...

Los israelitas

En el Día de Pentecostés, hombres de muchas naciones estaban en Jerusalén. Las calles de la ciudad estaban llenas de peregrinos. Algunos estudiosos de la Biblia creen que estos peregrinos eran de las diez tribus de Israel que Yah había esparcido entre las naciones. Lee Hechos 2:1-3. Escribe diez nacionalidades en los cuadros de abajo. Colorea al peregrino.

Peregrinaje a Jerusalén

El Día de Pentecostés fue una gran celebración de la cosecha.
Ayuda a los peregrinos a llegar a Jerusalén para celebrar Shavu'ot en el templo.

Mi diario de viaje

Imagina que eres un parto de visita en la ciudad de Jerusalén para celebrar Shavu'ot. ¿Qué viste? Haz un registro de tu visita.

Aprendí…

Escuché…

Yah me mostró…

Lo más extraño que vi fue…

Encontré…

Ciudad de Jerusalén

Las Noticias de Jerusalén

HECHOS 2   DÍA DE PENTECOSTÉS   UNA PUBLICACIÓN DE HISTORIA DE LA BIBLIA

Día de adoración

....

....

....

....

....

....

Los israelitas celebran el Shavu'ot

....

....

....

¡Llegan los peregrinos!

www.biblepathwayadventures.com
Libro de Actividades de las Fiestas de la Primavera

100

© BPA Publishing Ltd 2023

Fiesta de SHAVU'OT

Lee Hechos 2:1-38 (RV1960). Completa el siguiente cruigrama.

HORIZONTAL

4) La gente estaba confundida porque todos escucharon a los apóstoles hablar en sus propias _____.
7) "Partos, medos, elamitas, y los que habitamos en Mesopotamia, Judea y _____, Ponto y en Asia…".
9) El templo estaba en esta ciudad.
10) Los apóstoles estaban llenos de esto y comenzaron a hablar en otras lenguas.

VERTICAL

1) Lenguas como _____ se asentaron en cada apóstol.
2) "Los oímos hablar en su propio idioma las maravillas de _____".
3) Este apóstol les dijo a los hombres de Israel que se arrepintieran.
5) Estaban atónitos, diciendo: "¿No son _____ todos estos que hablan?".
6) Durante el Día de Pentecostés, había muchos hombres de todas las _____.
8) "Y de repente vino del cielo un estruendo como de un _____ recio".

"y de repente vino del cielo un estruendo como de un viento recio que soplaba..."

(Hechos 2:2)

Día de Pentecostés

Cincuenta días después de la Fiesta de las Primicias (el día en que Yeshua se levantó de la tumba) es el Día de Pentecostés (Shavu'ot). Pentecostés es una de las fiestas de Dios y también se conoce como la fiesta de las "Semanas". Durante los tiempos bíblicos, era uno de los tres Tiempos Designados que se esperaba que los hombres israelitas viajaran a Jerusalén para honrar. Cuando Yeshua ascendió al cielo, los discípulos estaban en Jerusalén esperando para celebrar esta fiesta.

Según algunos historiadores de la Biblia, Shavu'ot también marca el momento en que las doce tribus de Israel recibieron los Diez Mandamientos en el monte Sinaí. Pedro y los discípulos estaban en Jerusalén para Shavu'ot cuando descendieron lenguas como de fuego y muchos peregrinos entendieron lo que los discípulos decían en su propio idioma. Algunos estudiosos de la Biblia creen que estos peregrinos eran descendientes de las diez tribus de Israel esparcidas entre las naciones.

1. ¿Por qué Pedro y los discípulos estaban en Jerusalén en este tiempo?

2. Nombra dos eventos de la Biblia que ocurrieron en Shavu'ot.

¡Colorea el israelita!

El Espíritu Santo

Lee Juan 16:8. El rol del Espíritu Santo es...

_____
_____
_____
_____
_____
_____
_____
_____

Lee 1 Juan 3:4. La Biblia dice que pecado es...

_____
_____
_____
_____
_____
_____
_____

El fruto del Espíritu Santo en mi vida es...

_____
_____
_____
_____
_____
_____

Lee Deuteronomio 6:24-25. Somos justos si...

_____
_____
_____
_____
_____
_____

El mensaje de Pedro

Lee Hechos 2:14-41 y escribe abajo un resumen del discurso de Pedro.

....

....

....

1. ¿A quiénes les habló Pedro?
....
....

2. ¿A quién levantó Yah?
....
....

3. ¿Qué les dijo Pedro a los hombres que hicieran en Hechos 2:38?
....
....

Dibuja una escena de este pasaje de la Biblia.

¿Qué puede enseñarme la vida de Pedro?	Yah usó a Pedro para…

¿Cuántas personas fueron mikvah'd en Shavu'ot?

Ordena las palabras para descubrir la respuesta. *Pista: lee Hechos 2:41 (RV1960).*

"oLs euq reronbieci us pabrala

_____

ronfue tidoszabau; y se

_____

adieñaron quela adí omco ters

_____

lim pernasos."

_____

Doce tribus de Israel

Después de conquistar la tierra de Canaán, a cada tribu de Israel se le dio un pedazo de tierra. Después de ese tiempo, los hombres israelitas iban a Jerusalén cada año para celebrar la Fiesta de Shavu'ot. Lee Josué 13:1-21:45. Escribe el nombre de cada tribu al lado del número correspondiente.

1. ....
2. ....
3. ....
4. ....
5. ....
6. ....
7. ....
8. ....
9. ....
10. ....
11. ....
12. ....

Simeón   Dan   Neftalí
Judá   Aser   Manasés
Rubén   Isacar   Efraín
Gad   Zebulón   Benjamín

Fiesta de SHAVU'OT

Lee Hechos 1-3.
Encuentra y encierra en un círculo las siguientes palabras.

```
Y P W J I A M R O V H B J T S
D U C F M H F H Q D X B E I Y
F I O E L Q U Y N M N X S E M
I J S L Z F E K P Z Y O P M O
Q R E C U H G P R B R W Í P W
O C C R Í U O S N Y E A R O E
S S H O U P P G X E Q F I D E
K A A D K S U P L H L E T E R
N W X V A K A L E J F J U S T
Y R E F U P F L O D G U S I O
L W G Z V P G N É S R L A G R
W L E N G U A S K N J O N N Á
P E N T E C O S T É S Q T A P
P E R E G R I N A J E Y O D G
A R R E P E N T I R S E H O A
```

- PEDRO
- PEREGRINAJE
- ESPÍRITU SANTO
- TORÁ
- COSECHA
- FUEGO
- JERUSALÉN
- LENGUAS
- ARREPENTIRSE
- PENTECOSTÉS
- DISCÍPULOS
- TIEMPO DESIGNADO

Los doce DISCÍPULOS

Lee Mateo 8, 17, 19-21, Lucas 5, Marcos 2-3, Juan 1, 13, 18, 21 y Hechos 1:12-26. Responde las siguientes preguntas.

1. ¿Cuál discípulo era un recaudador de impuestos?

2. ¿Quiénes fueron los dos primeros discípulos en ser llamados?

3. ¿Qué discípulo trató de caminar sobre el agua, como Yeshua?

4. ¿Cuáles tres discípulos eran de Betsaida?

5. ¿De cuál evento fueron testigos Pedro, Santiago y Juan en una montaña con Yeshua?

6. ¿Qué envió Yeshua a Sus dos discípulos a buscar al entrar en Jerusalén?

7. ¿Qué discípulo traicionó a Yeshua?

8. ¿Qué hizo Yeshua por cada discípulo durante la última cena?

9. Después de la muerte de Yeshua, ¿qué discípulo cuidó de María, Su madre?

10. ¿Cuál era el nombre del discípulo que reemplazó a Judas?

Los doce discípulos

Yeshua les enseñó a Sus discípulos a discipular a otros.
¿Quiénes eran los discípulos de Yeshua? Lee los datos de abajo. Colorea las imágenes.

Tomás:
Su nombre griego era Dídimo. Dudó de la resurrección de Yeshua.

Mateo:
Trabajó como recaudador de impuestos, una profesión despreciada por los judíos.

Simón Pedro:
Pescador. Estaba casado y negó conocer a Yeshua tres veces.

Andrés:
Hermano de Pedro. Era originalmente discípulo de Juan el Bautista.

Felipe:
Nació en Betsaida y fue uno de los primeros discípulos.

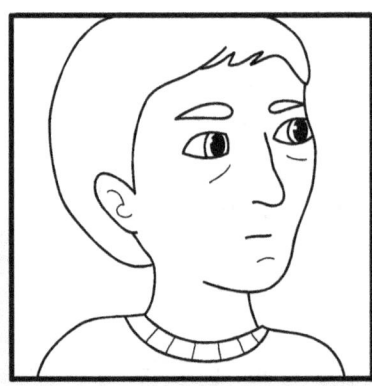

Judas Iscariote:
Un judeo, traicionó a Yeshua por 30 piezas de plata.

Los doce discípulos

Juan:
Hermano de Santiago. Su segundo nombre era Boanerges, que significa "hijo del trueno".

Santiago, hijo de Zebedeo:
Predicó en Jerusalén y Judea y fue uno de los discípulos más cercanos de Yeshua.

Judas Tadeo:
Era hermano de Santiago el menor. En la última cena, le preguntó a Yeshua: "¿Cómo es que te manifestarás a nosotros, y no al mundo?".

Bartolomé:
Su nombre significa "hijo de Tolmai". Vivió en Caná.

Santiago (hijo de Alfeo):
El padre de Santiago compartía su nombre con el padre de Mateo y es posible que fueran hermanos.

Simón (el cananeo):
También conocido como Simón el Zelote. A los zelotes no les gustaba el gobierno romano y se rebelaron contra este.

Escritura creativa

Las diez plagas de Egipto

Abre tu Biblia y lee Éxodo 7:1-25.

Escribe una descripción de la plaga de sangre.
Colorea la ilustración en la parte de abajo de la página.

....

....

....

....

....

....

Abre tu Biblia y lee Éxodo 8:1-15.

Escribe una descripción de la plaga de ranas.
Colorea la ilustración en la parte de abajo de la página.

....

....

....

....

....

....

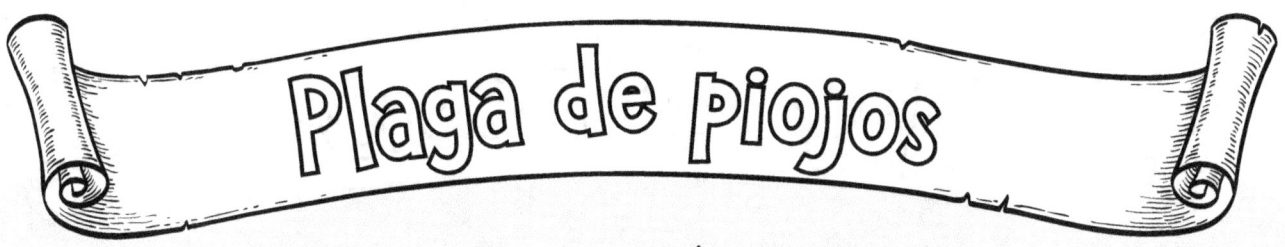

Abre tu Biblia y lee Éxodo 8:16-19.

Escribe una descripción de la plaga de piojos. Colorea la ilustración en la parte de abajo de la página.

....

....

....

....

....

....

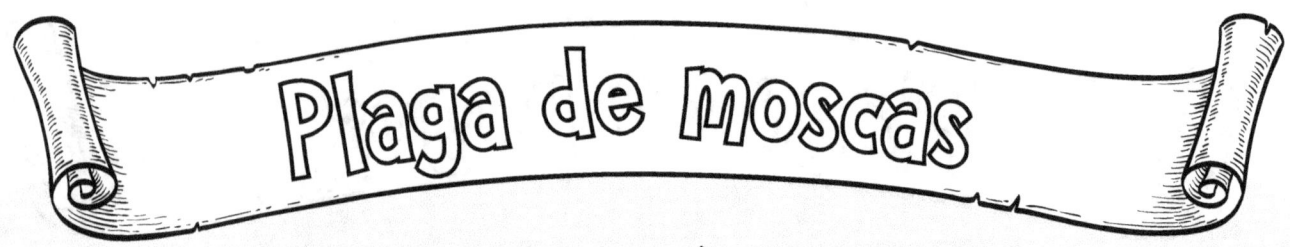

Plaga de moscas

Abre tu Biblia y lee Éxodo 8:20-32.

Escribe una descripción de la plaga de moscas. Colorea la ilustración en la parte de abajo de la página.

....

....

....

....

....

....

Abre tu Biblia y lee Éxodo 9:1-7.

Escribe una descripción de la plaga del ganado.
Colorea la ilustración en la parte de abajo de la página.

....

....

....

....

....

....

Plaga de las úlceras

Abre tu Biblia y lee Éxodo 9:8-12.

Escribe una descripción de la plaga de las úlceras.
Colorea la ilustración en la parte de abajo de la página.

....

....

....

....

....

....

Plaga del granizo

Abre tu Biblia y lee Éxodo 9:22-26.

Escribe una descripción de la plaga del granizo. Colorea la ilustración en la parte de abajo de la página.

....

....

....

....

....

....

Abre tu Biblia y lee Éxodo 10:12-20.

Escribe una descripción de la plaga de langostas.
Colorea la ilustración en la parte de abajo de la página.

....

....

....

....

....

....

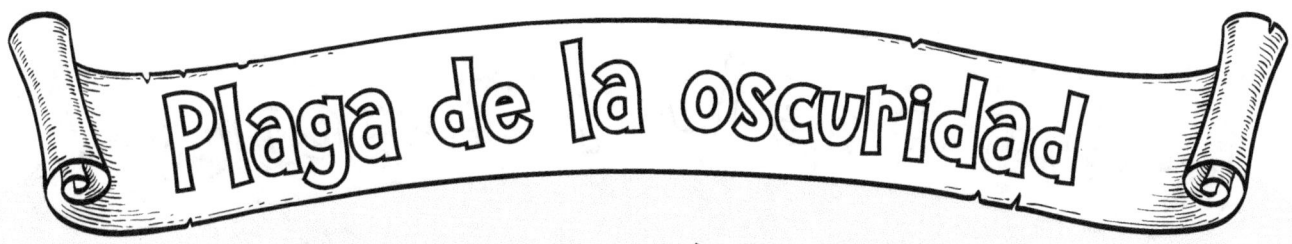

Abre tu Biblia y lee Éxodo 10:21-29.

Escribe una descripción de la plaga de la oscuridad. Colorea la ilustración en la parte de abajo de la página.

....

....

....

....

....

....

Abre tu Biblia y lee Éxodo 11-12.

Escribe una descripción de la muerte de los primogénitos. Colorea la ilustración en la parte de abajo de la página.

....

....

....

....

....

....

Haz un cordero con un plato de papel

Necesitarás:
1. Platos de papel
2. Motas de algodón blanco
3. Cartulina de color negro
4. Ojos de animales de manualidades
5. Pegamento escolar

Preparación:
Recorta la cara, patas y orejas de cordero con las plantillas de la siguiente página.

Instrucciones:

1. Cubre un plato de papel con pegamento escolar.
2. Cubre el pegamento escolar con motas de algodón blanco.
3. Ayuda al niño a ensamblar la cara de la oveja usando las piezas de plantilla de la oveja y los ojos de manualidades.
4. 4. Pega la cabeza y las patas de la oveja al cuerpo de algodón.

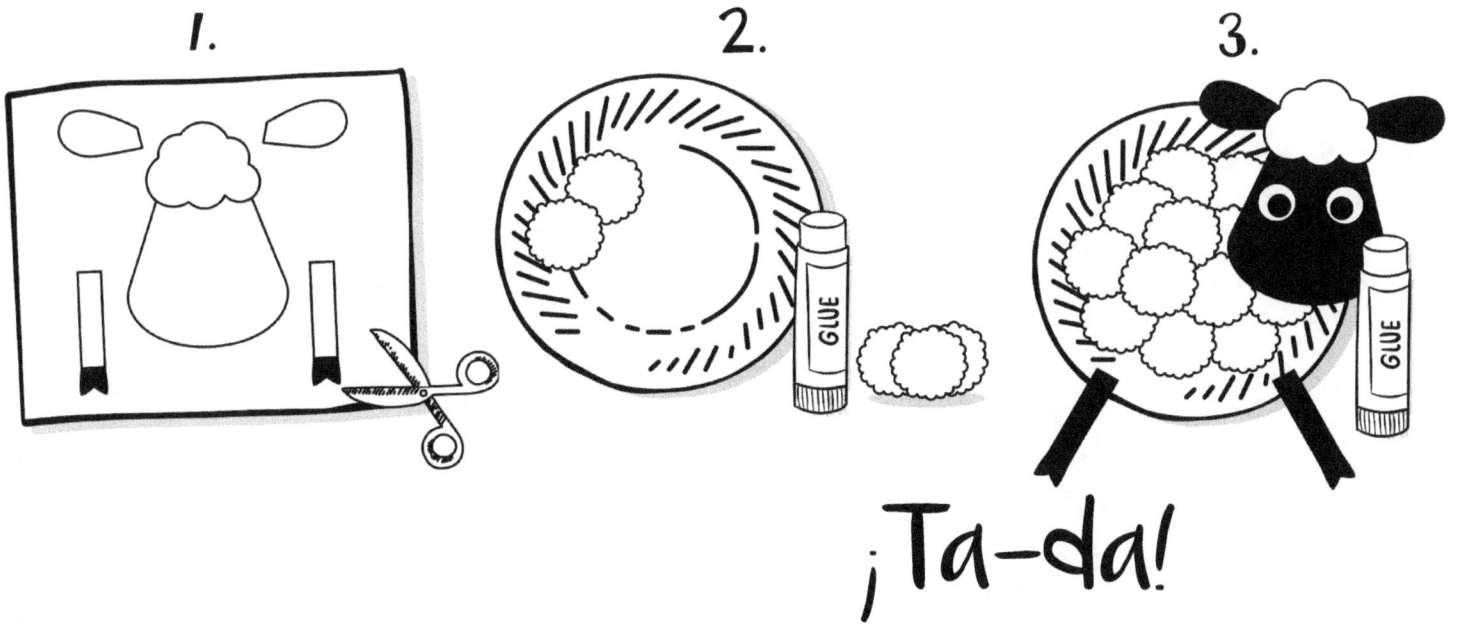

¡Ta-da!

¿Qué va dentro del Templo?

Necesitarás:
1. Tijeras (solo adultos)
2. Crayones, rotuladores o lápices de colores
3. Pega escolar

Instrucciones:
1. Recorta la plantilla de la siguiente página.
2. Colorea y recorta los objetos del templo de la siguiente página. Pega cada objeto dentro del recuadro correcto de la plantilla.

1.
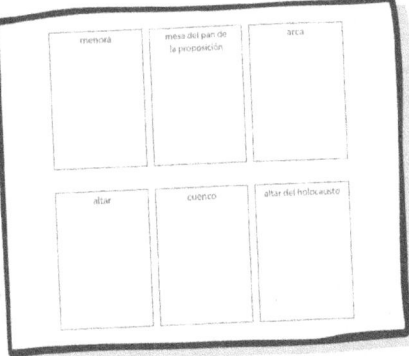

2.
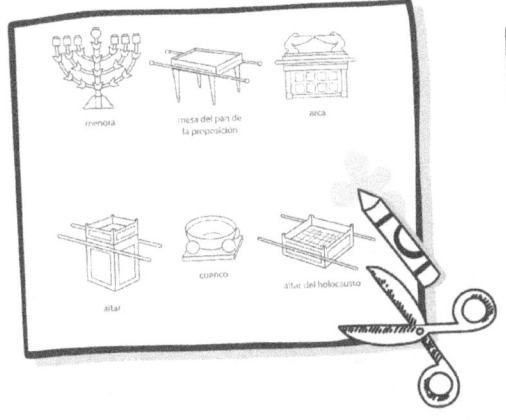

3.
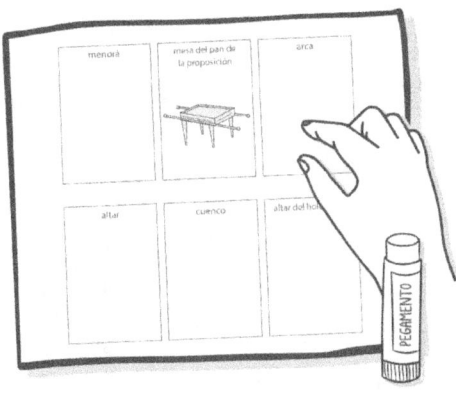

¡Ta-da!

| menorá | mesa del pan de la proposición | arca |
| altar | cuenco | altar del holocausto |

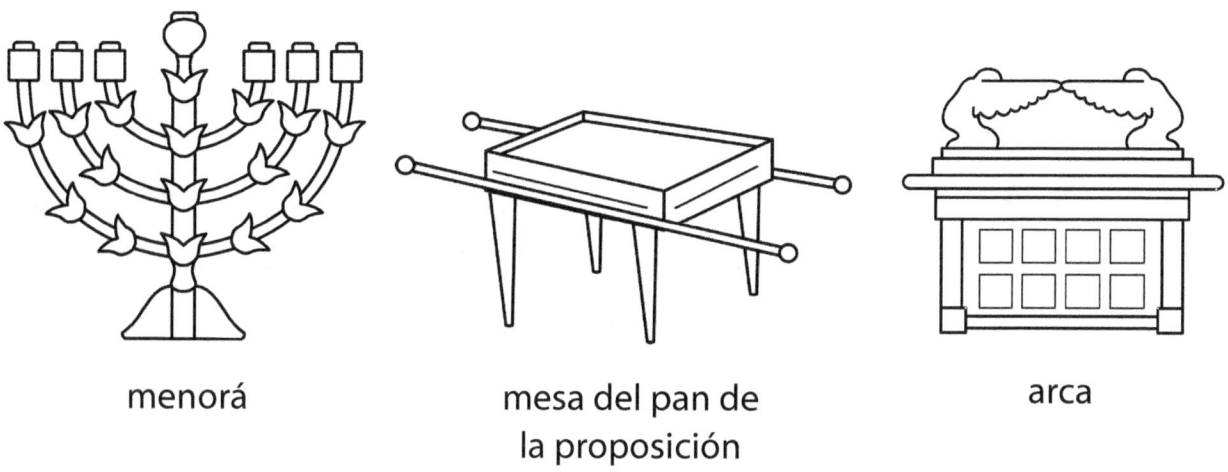

menorá   mesa del pan de la proposición   arca

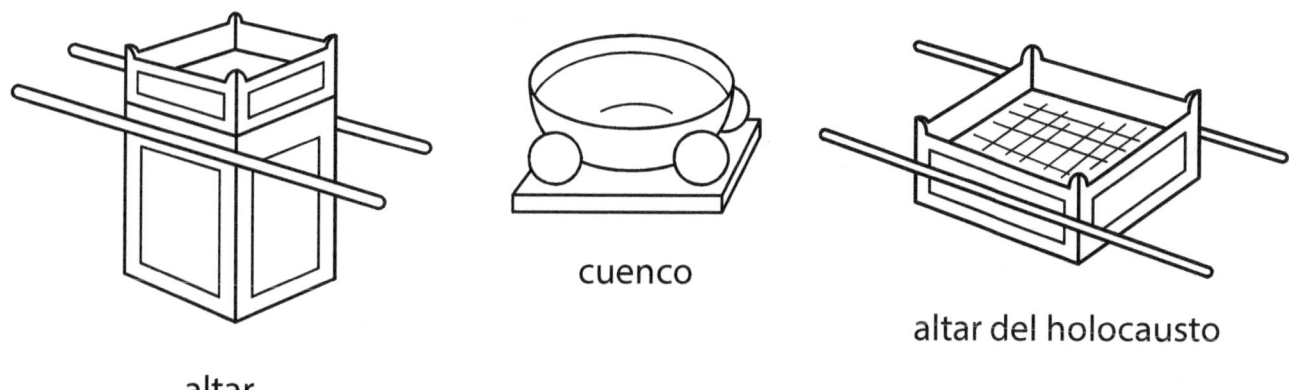

altar   cuenco   altar del holocausto

Manualidad de los Diez Mandamientos

Instrucciones:

Esta manualidad tiene dos secciones:
1. Diez Mandamientos
2. Dos tablas

Necesitarás:
1. Pintura o crayones color gris.
2. Rotuladores, crayones o lápices de colores.
3. Tijeras (solo adultos)
4. Pegamento en barra extra fuerte o pega escolar

Instrucciones:

1. Recorta o imprime las páginas de los círculos de los Diez Mandamientos. Colorea los círculos de los Diez Mandamientos.
2. Recorta o imprime las páginas de las dos tablas.
3. Recorta cada mandamiento alrededor de los bordes punteados.
4. Una y pega las dos tablas poniendo pega a lo largo de la pestaña que dice "Pega aquí" y sella.
5. Pega los mandamientos en orden numérico en la tabla, cinco de cada lado.

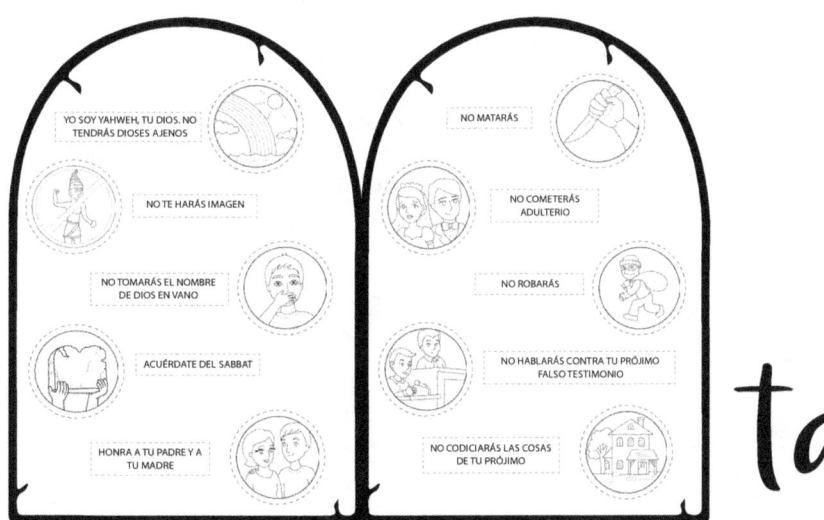

YO SOY YAHWEH, TU DIOS. NO TENDRÁS DIOSES AJENOS

NO TE HARÁS IMAGEN

NO TOMARÁS EL NOMBRE DE DIOS EN VANO

ACUÉRDATE DEL SABBAT

HONRA A TU PADRE Y A TU MADRE

NO MATARÁS

NO COMETERÁS ADULTERIO

NO ROBARÁS

NO HABLARÁS CONTRA TU PRÓJIMO FALSO TESTIMONIO

NO CODICIARÁS LAS COSAS DE TU PRÓJIMO

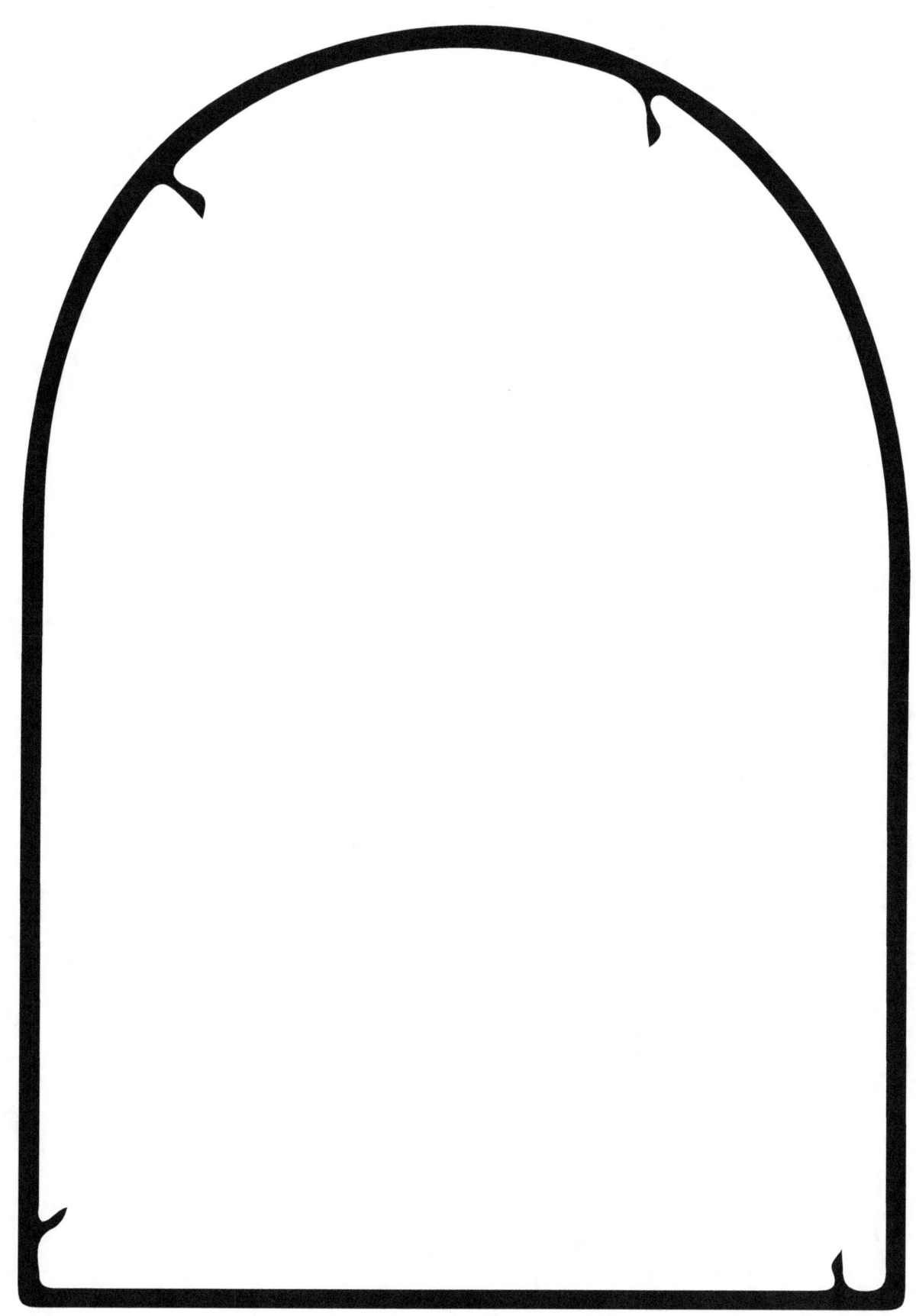

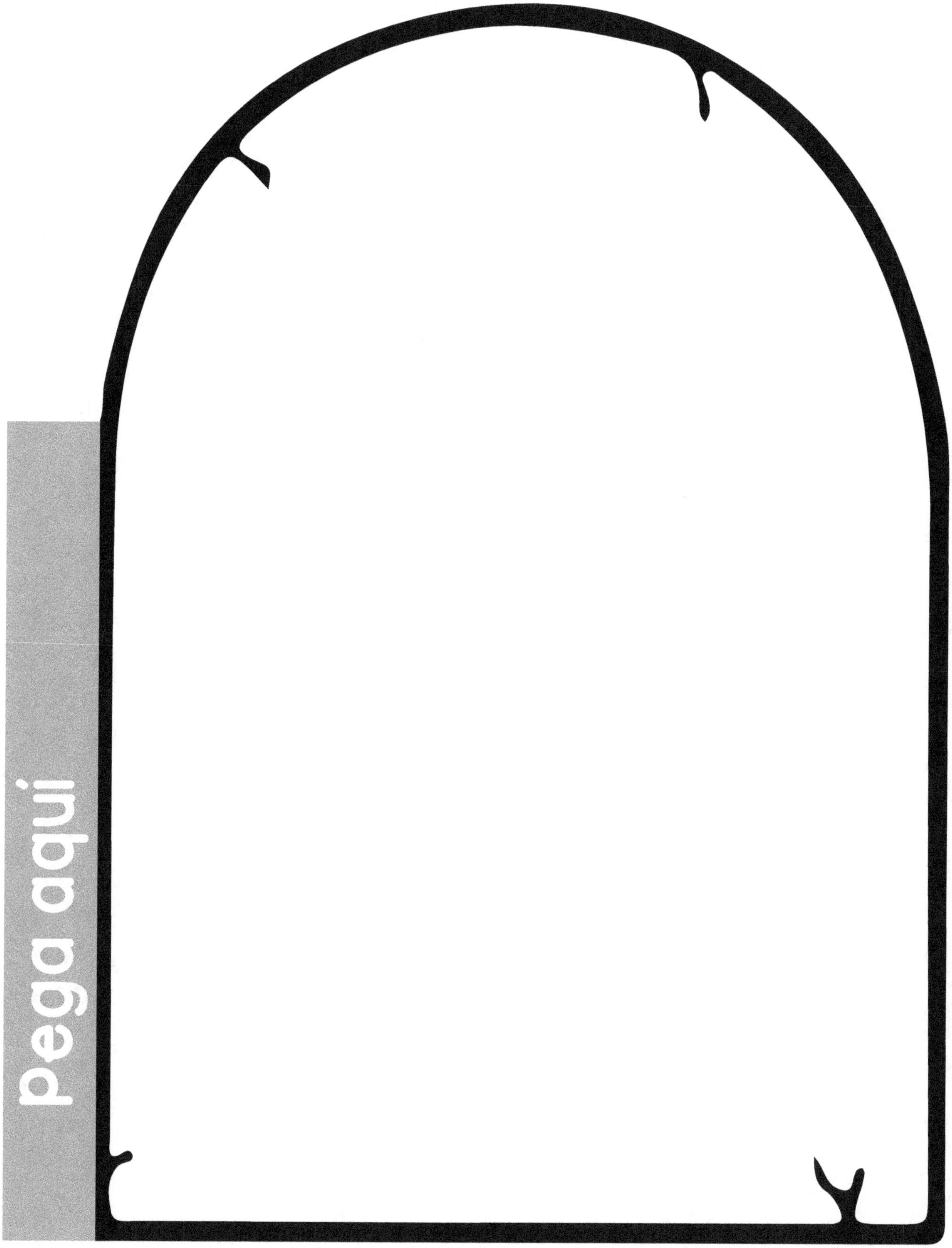

Pega aquí

Fiesta de Shavu'ot

Lee Levítico 23 y Hechos 2. Discute cómo las imágenes de abajo se relacionan con el Shavu'ot. Recorta una palabra u oración de la parte inferior de la página. Emparéjala con la imagen correcta.

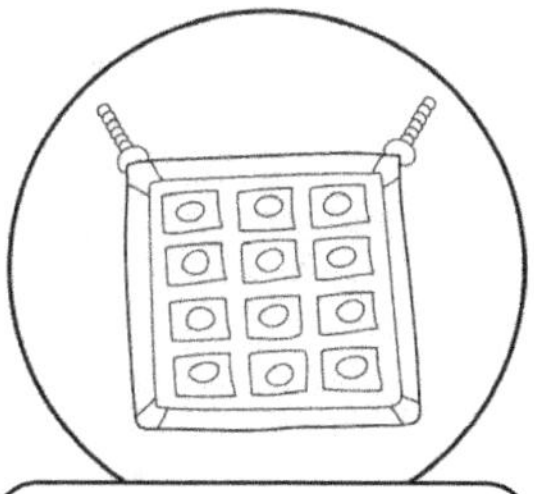

pan   Israel   templo   mikveh

grano   pueblo de Dios   Sabbat

Haz un móvil de los Tiempos Designados

Necesitarás:

1. Cartulina gruesa
2. Pintura, rotuladores o creyones
3. Cuerda
4. Tijeras (solo adultos)
5. Pega en barra o cinta adhesiva
6. Palitos de madera

Instrucciones:

1. Pídales a los niños que coloreen los círculos de los Tiempos Designados en la siguiente página.
2. Cuando los niños hayan terminado de colorear, recorten las piezas del móvil y péguenlas en cartulina gruesa. Esperen que la pega se seque.
3. Con cuidado, recorten las piezas del móvil.
4. Hagan un agujero en la parte superior de cada pieza del móvil, pasen una cuerda por cada una de las piezas y péguenlas a un palito de madera.

¡Ta-da!

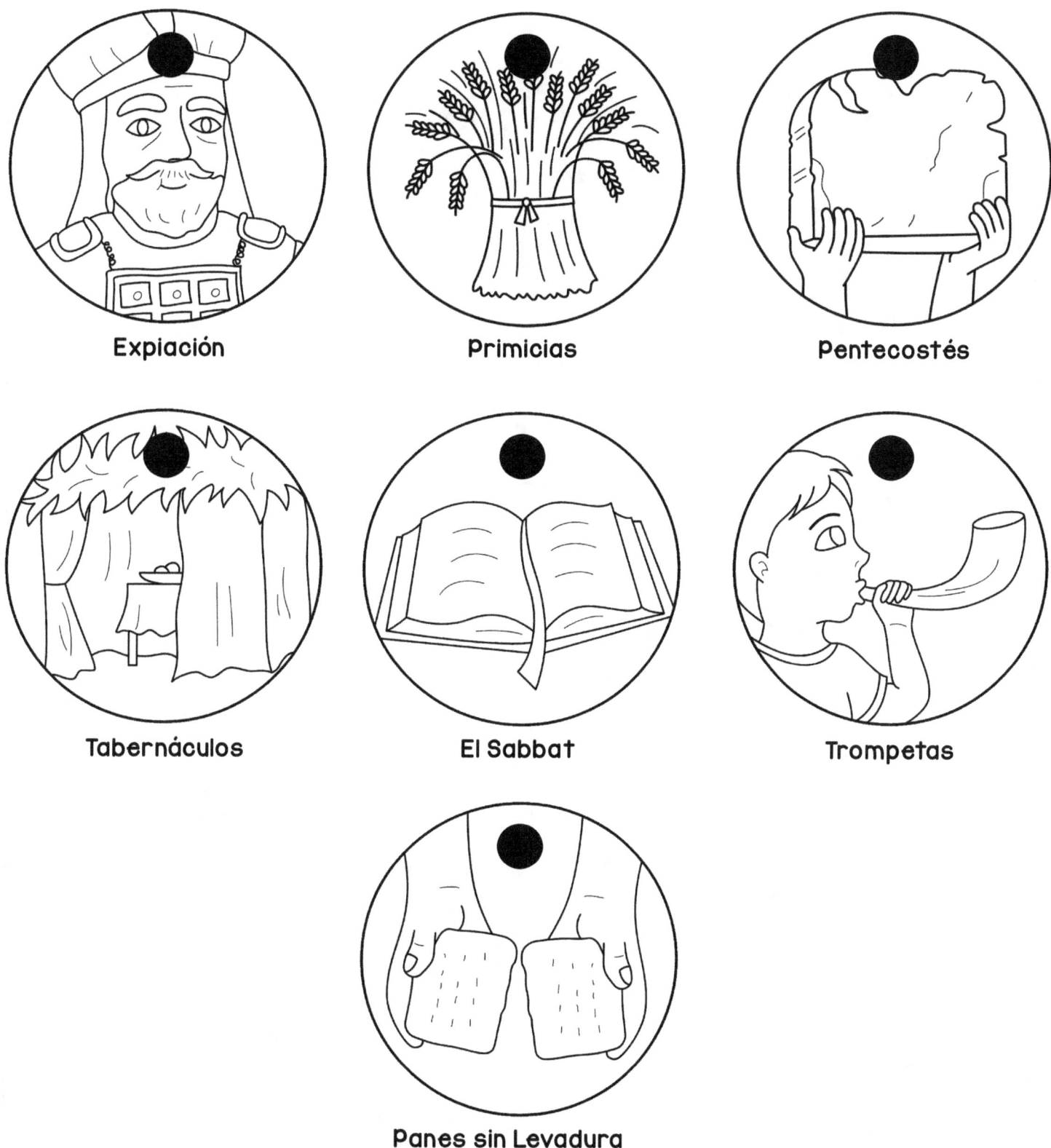

Guía de respuestas

La Pascua y la Fiesta de los Panes sin Levadura (Pesach y Chag HaMatzot)

Hoja de trabajo: ¿Quién era Moisés?
1. La hija del faraón adoptó a Moisés
2. Moisés huyó a la tierra de Madián porque tenía miedo de que el faraón lo matara
3. Moisés era un pastor en la tierra de Madián
4. Yah envió a Moisés de regreso a Egipto para liberar a los hebreos
5. Aarón habló por Moisés porque Moisés no podía hablar bien en público

Cuestionario de la Biblia: Las diez plagas
1. El agua se convirtió en sangre
2. Convertir el agua en sangre y las ranas
3. Moscas
4. Úlceras
5. Oscuridad
6. Muerte de los primogénitos
7. Yah envió diez plagas a Egipto
8. Yah
9. Moisés se llevó los huesos de José cuando se fue de Egipto
10. Los hebreos se fueron de Egipto durante la Fiesta de los Panes sin Levadura

Hoja de trabajo: Diez plagas de Egipto
1. Agua se tornó sangre
2. Ranas
3. Piojos
4. Moscas
5. Muerte del ganado
6. Úlceras
7. Granizo
8. Langostas
9. Oscuridad
10. Muerte de los primogénitos

Hoja de trabajo: Tierra de Gosén
1. La tierra de Gosén estaba en el norte de Egipto
2. Los israelitas llegaron a vivir en Egipto, en la tierra de Gosén, cuando José era el gobernador de Egipto (Génesis 45-46)
3. Al principio, los hebreos eran pastores en la tierra de Gosén. Después, fueron forzados a elaborar ladrillos y construir ciudades
4. Entre los versículos de la Biblia están: Génesis 46:28, 47:1, Éxodo 8:22, 9:26

Crucigrama de la Biblia: La Pascua

Hoja de trabajo: La comida de Pascua
1. "Hablad a toda la congregación de Israel, diciendo: En el diez de este mes tómese cada uno un cordero según las familias de los padres, un cordero por familia. Mas si la familia fuere tan pequeña que no baste para comer el cordero, entonces él y su vecino inmediato a su casa tomarán uno según el número de las personas; conforme al comer de cada hombre, haréis la cuenta sobre el cordero. El animal será sin defecto, macho de un año; lo tomaréis de las ovejas o de las cabras. Y lo guardaréis hasta el día catorce de este mes, y lo inmolará toda la congregación del pueblo de Israel entre las dos tardes. Y tomarán de la sangre, y la pondrán en los dos postes y en el dintel de las casas en que lo han de comer. Y aquella noche comerán la carne asada al fuego, y panes sin levadura; con hierbas amargas lo comerán" (Éxodo 12:3-8)
2. Pídales a los niños que respondan esta pregunta. Las respuestas pueden variar
3. Yah les dijo a los hebreos que comieran cordero, pan sin levadura y hierbas amargas

Hoja de trabajo: ¿Cuál es la palabra?
Y este día os será en memoria, y lo celebraréis como fiesta solemne para Yah durante vuestras generaciones; para siempre lo celebraréis. Siete días comeréis panes sin levadura; y así el primer día haréis que no haya levadura en vuestras casas; porque cualquiera que comiere leudado desde el primer día hasta el séptimo, será cortado de Israel. El primer día habrá santa convocación, y asimismo en el séptimo día tendréis una santa convocación; ninguna obra se hará en ellos, excepto solamente que preparéis lo que cada cual haya de comer. Y guardaréis el Tiempo Designado de los panes sin levadura,

porque en este mismo día saqué vuestras huestes de la tierra de Egipto; por tanto, guardaréis este mandamiento en vuestras generaciones por costumbre perpetua. En el mes primero comeréis los panes sin levadura, desde el día catorce del mes por la tarde hasta el veintiuno del mes por la tarde.

Sopa de letras de la Biblia: Fiesta de los Panes sin Levadura

Cuestionario de la Biblia: La Pascua y la Fiesta de los Panes sin Levadura
1. Fiesta de los Panes sin Levadura
2. Cuando los hebreos salieron de la tierra de Egipto, llevaron consigo pan sin levadura
3. La Fiesta de los Panes sin Levadura dura siete días
4. Fiesta de los Panes sin Levadura
5. A los israelitas se les dijo que honraran la comida de Pascua durante todas sus generaciones
6. Rey Ezequías
7. Josías honró la Pascua en Jerusalén
8. Pablo navegó a Troas
9. Yeshua alimentó a 5.000 hombres
10. Yeshua resucitó de la tumba en la Fiesta de las Primicias

Sopa de letras de la Biblia: La última cena

Palabras desordenadas de la Biblia: Los discípulos
Pedro, Andrés, Santiago, Juan, Felipe, Bartolomé, Mateo, Tomás, Santiago (hijo de Alfeo), Judas Tadeo, Simón y Judas Iscariote

Hoja de trabajo: Los líderes religiosos
1. El Sanedrín (Consejo Judío) no solo dictaba las reglas sobre la vida religiosa del pueblo judío, sino que también era gobernante y juez. El Sanedrín era el tribunal supremo del antiguo Israel, compuesto por setenta hombres y un sumo sacerdote
2. Los hebreos estaban cansados de las reglas y los altos impuestos romanos

Pregunta y colorea: Yeshua ante Pilato
1. Yeshua permaneció en silencio
2. La esposa de Pilato le envió un mensaje
3. Yeshua

Cuestionario de la Biblia: Muerte en la estaca
1. Pilato, el gobernador romano
2. Simón de Cirene
3. Gólgota
4. Rey de los Judíos
5. Dios mío, Dios mío, ¿por qué me has desamparado?
6. Dos criminales
7. Tres horas
8. Nicodemo
9. Lanza
10. Tela de lino

Hoja de trabajo para colorear: Crucifixión
1. La cortina (velo) en el templo
2. Un terremoto
3. El centurión y los guardias que estaban resguardando a Yeshua

Hoja de trabajo: Empareja las escrituras
"Padre, perdónalos, porque no saben lo que hacen" (Lucas 23:34)
"No conozco al hombre" (Mateo 26:72)
"Te conjuro por el Dios viviente, que nos digas si eres tú el Cristo, el Hijo de Dios" (Mateo 26:63)
"Tomadle vosotros, y crucificadle; porque yo no hallo delito en él" (Juan 19:6)

Hoja de trabajo: En la tumba
1. Pilato fue el gobernador romano
2. Pídales a los niños que respondan esta pregunta. Las respuestas pueden variar
3. El entierro de Yeshua cumplió con Isaías 53:9

Fiesta de las Primicias (Yom HaBikkurim)

Hoja de trabajo: ¿Cuál es la palabra?
Y habló Yahweh a Moisés, diciendo: Habla a los hijos de Israel y diles: Cuando hayáis entrado en la tierra que yo os doy, y seguéis su mies, traeréis al sacerdote una gavilla por primicia de los primeros frutos de vuestra cosecha. Y el sacerdote mecerá la gavilla delante de Jehová, para que seáis aceptos; el día siguiente del día de Sabbat la mecerá. Y el día que ofrezcáis la gavilla, ofreceréis un cordero de un año, sin defecto, en holocausto a Yah.

Crucigrama de la Biblia: La cruz y la tumba vacía

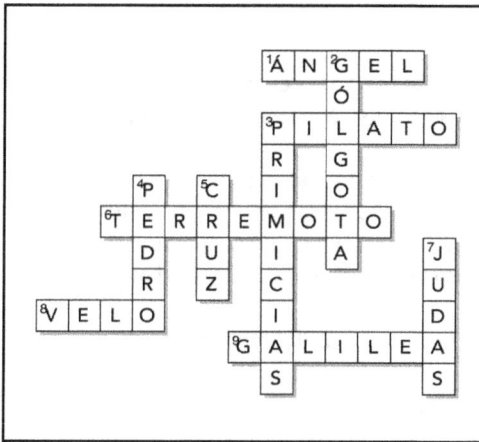

Cuestionario de la Biblia: La resurrección
1. Un ángel rodó la piedra de la tumba de Yeshua
2. Yeshua resucitó en la Fiesta de las Primicias, durante la Fiesta de los Panes sin Levadura
3. Los sacerdotes les dieron dinero a los guardias romanos para que no dijeran nada
4. María Magdalena se encontró con Yeshua fuera de la tumba
5. Las mujeres encontraron una tumba vacía
6. "¿Por qué buscan a los vivos entre los muertos? Él no está aquí, ha resucitado"
7. Tomás dudó de Yeshua
8. Los discípulos fueron a pescar al mar de Galilea
9. Se quedó en la tierra por 40 días (Hechos 1:3)
10. Yeshua les ordenó a Sus discípulos que fueran a "hacer discípulos"

Hoja de trabajo para colorear: ¡Ha resucitado!
1. Un ángel de Dios
2. María Magdalena
3. Los discípulos

Hoja de trabajo: ¿Descubrimiento del Gólgota?
1. Lugar de la Calavera
2. El sitio real de la crucifixión estaba bajo muchos pies de tierra, con agujeros en la roca donde se erigieron cruces y nichos en la pared de roca detrás de los cuales se colocaron carteles. El agujero transversal central tenía una grieta sísmica al lado

Descifra el código: La resurrección
"No está aquí, sino que ha resucitado. Acordaos de lo que os habló, cuando aún estaba en Galilea…"

Sopa de letras de la Biblia: ¡Ha resucitado!

Pregunta y colorea: El reporte de la guardia
1. Un grupo de soldados romanos
2. Un soborno (dinero)
3. Los discípulos de Yeshua fueron de noche y se robaron Su cuerpo mientras estaban dormidos

Hoja de trabajo: Una tumba vacía
1. Los líderes sacerdotes decidieron sobornar a los soldados para que no contaran a la gente lo que había sucedido. No querían que los israelitas creyeran que Yeshua era el Mesías tan esperado
2. Un soborno es un regalo (ej., dinero) que se le ofrece a una persona a cambio de un favor

Hoja de trabajo: ¿Siclos o denarios?
1. Los líderes sacerdotes les pagaron a los guardias para que no dijeran nada
2. Pídales a los niños que respondan esta pregunta. Las respuestas pueden variar
3. "No recibirás presente; porque el presente ciega a los que ven, y pervierte las palabras de los justos" (Éxodo 23:8)

Hoja de trabajo: La guardia romana
1. Los líderes sacerdotes les dijeron a los guardias: "Decid vosotros: 'Sus discípulos vinieron de noche, y lo hurtaron, estando nosotros dormidos'. Y si esto lo oyere el gobernador, nosotros le persuadiremos, y os pondremos a salvo" (Mateo 28:13-14)
2. Pídales a los niños que respondan esta pregunta. Las respuestas pueden variar

Hoja de trabajo: Altar del holocausto
El altar del holocausto era de 10 codos de alto (aproximadamente cinco metros) y 32 codos de ancho (aproximadamente 16 metros)

Cuestionario de la Biblia: El templo
1. Rey Salomón
2. El rey David era un hombre de guerra (1 Crónicas 28:3)
3. Ciro el Grande les dijo a los israelitas que construyeran un templo en Jerusalén
4. El arca de la alianza era guardada en el Lugar Santísimo
5. El sumo sacerdote entrada al Lugar Santísimo en el Día de la Expiación
6. En el pórtico de Salomón
7. Yeshua limpió el temple dos veces (Juan 3 y Mateo 21)
8. Herodes el Grande tardó 46 años construyendo un templo (Juan 2)
9. Las Fiestas de los Panes sin Levadura, Pentecostés (Shavu'ot) y Tabernáculos (Sukkot)
10. Pedro les habló a los israelitas

Hoja de trabajo: Una pregunta de fe
1. Las marcas en las manos y costados de Yeshua
2. Yeshua se les apareció a los discípulos en la noche de ese día, el primer día de la semana después de que resucitó de la tumba (Juan 20:19)
3. Yeshua le dijo a Tomás que pusiera sus dedos en Sus manos y colocara su mano en el costado de Yeshua
4. Yeshua se les apareció a Sus once discípulos en un cuarto en Jerusalén (Luchas 24:33-37 y Juan 20:19)

Hoja de trabajo: Datos de los discípulos
Andrés = 6, Bartolomé = 9, Santiago, hijo de Zebedeo = 5, Judas = 1, Juan = 3, Judas (Tadeo) = 8, Mateo = 7, Pedro = 10, Felipe = 4, Tomás = 2

Hoja de trabajo: Empareja las escrituras
"Señor, no sabemos a dónde vas; ¿cómo, pues, podemos saber el camino?". Jesús le dijo: "Yo soy el camino, y la verdad, y la vida; nadie viene al Padre, sino por mí". (Juan 14:5)
"Si no viere en sus manos la señal de los clavos, y metiere mi dedo en el lugar de los clavos, y metiere mi mano en su costado, no creeré". (Juan 20:25)

"Vamos también nosotros, para que muramos con él". (Juan 11:16)

"Llamó a Sus discípulos, y escogió a doce de ellos, a los cuales también llamó apóstoles: Simón, a quien también llamó Pedro, Andrés, Jacobo y Juan, Felipe y Bartolomé, Mateo, Tomás…". (Lucas 6:13-16)

Hoja de trabajo: ¿Quién fue Poncio Pilato?
1. Pilato fue acusado de comportamiento duro, orgullo, violencia, codicia, ejecuciones sin juicio y crueldad hacia el pueblo hebreo
2. Los arqueólogos descubrieron un bloque de piedra caliza con una inscripción que decía: "Poncio Pilato, prefecto de Judea"

Hoja de trabajo: Yeshua se les aparece a Sus discípulos
Yeshua se les apareció a sus discípulos el tercer día de la semana. (FALSO)
Los discípulos estaban encerrados dentro del templo. (FALSO)
Yeshua les dijo a Sus discípulos: "Paz a vosotros". (VERDADERO)
Yeshua hizo una fiesta para celebrar Su resurrección. (FALSO)
Yeshua sopló sobre Sus discípulos y dijo: "Recibid al Espíritu Santo". (FALSO)
Tomás era llamado el "gemelo". (VERDADERO)

Día de Pentecostés (Shavu'ot)

Cuestionario de la Biblia: Los Diez Mandamientos
1. Moisés y los israelitas
2. Honra a tu padre y a tu madre
3. 6º mandamiento
4. Dos tablas de piedra
5. Acuérdate del Sabbat
6. 9º mandamiento
7. 8º mandamiento
8. 2º mandamiento
9. Monte Sinaí
10. No desearás las posesiones de tu prójimo

Pregunta y colorea: Monte Sinaí
1. El Sabbat
2. Honrar a nuestra madre y nuestro padre
3. Los israelitas temían que pudieran morir

Cuestionario de la Biblia: Fiesta de Shavu'ot
1. Yah anunció Sus mandamientos desde el monte Sinaí
2. Cuarenta días y noches
3. Doce tribus de Israel
4. El 4º mandamiento
5. Honrar a tu padre y a tu madre

6. Un sonido del cielo, como un viento recio
7. Cada persona escuchó a los discípulos hablándole en su propia lengua
8. Pedro le habló a la multitud sobre Yeshua
9. Aproximadamente tres mil personas
10. Los discípulos celebraron Shavu'ot en Jerusalén

Hoja de trabajo: ¿Cuál es la palabra?
Cuando llegó el día de Pentecostés, estaban todos unánimes juntos. Y de repente vino del cielo un estruendo como de un viento recio que soplaba, el cual llenó toda la casa donde estaban sentados; y se les aparecieron lenguas repartidas, como de fuego, asentándose sobre cada uno de ellos. Y fueron todos llenos del Espíritu Santo, y comenzaron a hablar en otras lenguas, según el Espíritu les daba que hablasen. Moraban entonces en Jerusalén israelitas, varones piadosos, de todas las naciones bajo el cielo. Y hecho este estruendo, se juntó la multitud; y estaban confusos, porque cada uno les oía hablar en su propia lengua. Y estaban atónitos y maravillados, diciendo: Mirad, ¿no son galileos todos estos que hablan? ¿Cómo, pues, les oímos nosotros hablar cada uno en nuestra lengua en la que hemos nacido? Partos, medos, elamitas, y los que habitamos en Mesopotamia, en Judea, en Capadocia, en el Ponto y en Asia, en Frigia y Panfilia, en Egipto y en las regiones de África más allá de Cirene, y romanos aquí residentes, tanto judíos como prosélitos, cretenses y árabes, les oímos hablar en nuestras lenguas las maravillas de Yah.

Crucigrama de la Biblia: Fiesta de Shavu'ot
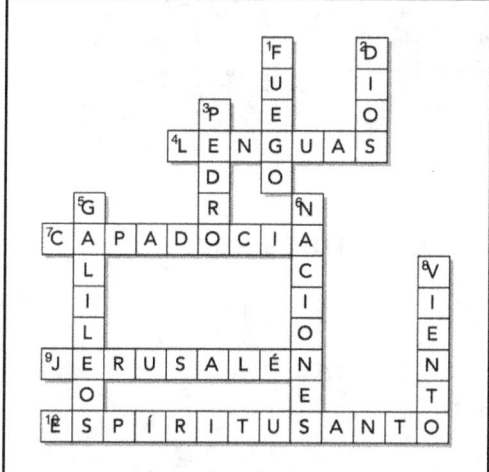

Hoja de trabajo: Día de Pentecostés
1. Para honrar el Día de Pentecostés (Shavu'ot)
2. El anuncio de los Diez Mandamientos en el monte Sinaí y las lenguas de fuego en Jerusalén

Hoja de trabajo para colorear: El mensaje de Pedro
1. A los hombres de Judea y los hombres de Israel
2. Yeshua
3. Que se arrepintieran y bautizaran en el nombre de Yeshua

Versículo desordenado de la Biblia: ¿Cuántas personas fueron mikvah'd en Shavu'ot?
"Los que recibieron Su palabra fueron bautizados; y se añadieron aquel día como tres mil personas".

Actividad del mapa: Doce tribus de Israel
1 = Simeón
2 = Judá
3 = Rubén
4 = Gad
5 = Dan
6 = Aser
7 = Isacar
8 = Zebulón
9 = Neftalí
10 = Manasés
11 = Efraín
12 = Benjamín

Sopa de letras de la Biblia: Fiesta de Shavu'ot

Cuestionario de la Biblia: Los doce discípulos
1. Mateo
2. Simón (Pedro) y Andrés
3. Pedro
4. Felipe, Andrés y Pedro
5. Transfiguración
6. Un burro y un potro
7. Judas
8. Les lavó los pies
9. Juan
10. Matías

¡Descubre más Libros de Actividades!

Disponibles para comprar en www.biblepathwayadventures.com

¡DESCARGA INSTANTÁNEA!

Libro de Actividades de Cuestionarios de la Biblia
Libro de Actividades de las 12 tribus de Israel
Aprendiendo Hebro: El Alfabeto Libro de Actividades
Libro de Actividades Festivos de Primavera
Bereshit | Génesis - Libro de Actividades con Porciones de la Torá
Shemot | Éxodo - Libro de Actividades con Porciones de la Torá
Vayikra | Levítico - Libro de Actividades con Porciones de la Torá
Libro de Actividades de las Fiestas de la Primavera

www.ingramcontent.com/pod-product-compliance
Lightning Source LLC
Chambersburg PA
CBHW081310070526
44578CB00006B/820